W0341654

JE ME LIBÈRE

Frédéric FANGET

JE ME LIBÈRE

Odile
Jacob

© Odile Jacob, septembre 2013
15, rue Soufflot, 75005 Paris

www.odilejacob.fr

ISBN : 978-2-7381-3010-5

Le Code de la propriété intellectuelle n'autorisant, aux termes de l'article L.122-5, 2° et 3° a), d'une part, que les « copies ou reproductions strictement réservées à l'usage privé du copiste et non destinées à une utilisation collective » et, d'autre part, que les analyses et les courtes citations dans un but d'exemple et d'illustration, « toute représentation ou reproduction intégrale ou partielle faite sans le consentement de l'auteur ou de ses ayants droit ou ayants cause est illicite » (art. L. 122-4). Cette représentation ou reproduction, par quelque procédé que ce soit, constituerait donc une contrefaçon sanctionnée par les articles L. 335-2 et suivants du Code de la propriété intellectuelle.

Sommaire

CHAPITRE 3
Je me comprends. Comment mener à terme la conceptualisation

CHAPITRE 4
Je me libère de mes règles de vie

CHAPITRE 5
Je me libère de mes schémas cognitifs infantiles

CHAPITRE 6
À chacun de se libérer

CHAPITRE 7

Les astuces pour mieux gérer sa voix critique intérieure

Introduction

Nos situations de vie ne nous satisfont pas toujours, souvent elles nous angoissent, nous laissent un goût de mécontentement. Nous avons tendance à croire que notre mal-être est lié à ce que nous vivons au travail, en couple, en famille, etc. Bien sûr, le contexte et les relations aux autres sont déterminants. Mais pas seulement. Il y a un autre paramètre qui influence notre façon de voir les événements qui nous concernent : c'est la perception que nous en avons.

Le plus souvent, nos malaises, ou en tout cas une partie d'entre eux, sont en effet liés aux interprétations que nous faisons des situations vécues. Ces interprétations fréquemment erronées émanent directement d'une petite voix à l'intérieur de nous, que nous entendons en permanence commenter nos faits et gestes ; c'est notre voix critique intérieure. Cette radio en sourdine vient en permanence dicter notre conduite :

« On doit être aimé, apprécié par les autres, on doit réussir, tu dois paraître intéressant, ne pas détonner, t'exprimer clairement sans bafouiller, répondre aux questions de l'auditoire, montrer à cet homme que tu es une femme charmante, intelligente, une superwoman, montrer à cette femme que tu es un mec intéressant, qui a de l'humour, qui saura la faire vibrer », etc. À chaque impératif que nous nous fixons correspondent en fait autant de lois personnelles auxquelles nous

nous soumettons depuis toujours, sans toutefois nous demander si elles sont adaptées à ce que nous sommes en train de vivre ; elles sont pourtant responsables d'une bonne part de nos malaises.

En thérapie cognitive, ces exigences que nous nous imposons à nous-mêmes sont appelées des « règles de vie ». Pour avancer, elles sont bien sûr utiles ; elles nous ont aussi permis de progresser, de nous remettre en cause, de nous révéler.

Mais lorsqu'elles deviennent trop rigides voire tyranniques, elles nous font souffrir tant elles fixent des buts inaccessibles, irréalisables. Nous avons l'impression d'être toujours en deçà, de ne pas être à la hauteur de nos exigences personnelles. Insidieuses, elles guident nos vies à notre insu, sans que nous en ayons conscience. Par l'intransigeance de ces règles personnelles, nous créons alors nous-mêmes notre propre échec.

Ce livre a donc pour but de vous aider à sortir de ce cercle vicieux, de cette impasse dans laquelle vous vous êtes inconsciemment engagé. Comment ?

Tout d'abord en vous aidant à prendre conscience de la permanence de cette voix critique intérieure, sorte de radio en sourdine que nous finissons par ne plus entendre, tellement nous sommes habitués à son débit. Pourtant, si nous prenons le temps de marquer une pause, ce bruit de fond intérieur devient audible.

L'écouter, mieux l'entendre, prendre conscience de son caractère intransigeant et oppressant est la première étape pour s'en libérer.

Puis il nous faut comprendre que cette voix s'insinue dans tous les domaines de notre vie : travail, vie privée, familiale, amicale, sportive, associative… Elle est toujours là : « Allez, sois à la hauteur, dépasse-toi ; mais non, tu vois bien que tu ne vas pas y arriver, laisse tomber, pas la peine… »

C'est ainsi que l'on comprendra que cette voix critique intérieure est la source de nos indécisions, de nos inhibitions et de nos angoisses.

Pour mieux s'en détacher, la détermination de son origine nous sera indispensable. À quelles occasions s'est-elle ainsi manifestée ? Le plus souvent il y a longtemps, dans l'enfance et pour de bonnes raisons. Adriana s'est par exemple fixé comme objectif la nécessité de travailler dur parce qu'elle était issue d'une famille pauvre, de l'est de la Russie, et n'avait pas pu être scolarisée. Quant à Anne, elle ne dit pas non, par peur de blesser et pour faire plaisir aux autres. Catherine, elle, veut être comme les autres, leur ressembler, depuis qu'elle est toute petite elle se sent différente, atypique. Enfin, Sébastien, lui, doit à tout prix montrer qu'il est à la hauteur tant il en doute au fond de lui.

Ces personnages réels, transformés par souci de confidentialité, représentent des prototypes d'exigences largement répandues qui arbitrent nos vies. Leurs histoires vous aideront à mieux vous comprendre et vous montreront que changer est possible.

Lorsque vous serez parvenu à repérer votre voix critique intérieure, celle qui vous est intime, personnelle, et les dégâts qu'elle a faits dans votre vie, lorsque vous aurez identifié son origine dans votre biographie, vous serez alors en position de lui faire face, de lui répondre et de vous en libérer pour profiter de ce qui est essentiel pour vous dans votre vie.

C'est sur ce chemin de la découverte de soi et du changement personnel que je vous demande, à vous lecteurs, de bien vouloir m'accompagner.

Dans cet ouvrage, je souhaite ainsi montrer comment on peut aborder les problèmes simples comme les plus complexes grâce à ce travail sur la voix intérieure. Je commencerai donc par rappeler quelques notions la concernant. Ensuite nous verrons quelle est sa place dans un fonctionnement habituel relativement normal chez tout un chacun. Toutefois, je me suis interrogé plus spécifiquement sur son rôle de facteur aggravant chez mes patients les plus profondément blessés. Avec eux j'ai beaucoup appris. Ils m'ont révélé leurs secrets. Ils ont enrichi mon modèle de réflexion et de conceptualisation des cas cliniques – la conceptualisation cognitive consistant à comprendre de manière approfondie le fonctionnement d'une personne, ses problèmes. Elle sera largement explicitée dans le livre.

J'illustrerai mes propos en m'appuyant sur quelques exemples de thérapie à destination des professionnels que nous pouvons tous devenir. En effet, nous sommes toujours le psy de quelqu'un, d'un ami, d'un proche, d'un membre de la famille… D'ailleurs, généralement, nous excellons dans cette tâche bien plus pour les autres que pour nous-même. J'ai l'espoir de glisser ici quelques outils qui seront utiles à l'écoute des autres et à notre propre compréhension.

Cette approche transversale rencontrera des techniques efficaces comme l'analyse fonctionnelle, la conceptualisation cognitive, l'acceptation, l'affirmation de soi…

CHAPITRE PREMIER

Ma méthode pour se libérer

Ce livre pourra vous surprendre. Jusqu'à maintenant nous étions nous-mêmes, thérapeutes, convaincus (faisons notre *mea culpa*) que notre éthique et notre objectif étaient d'aider les patients à se libérer d'une faille, d'un manque. Notre conception reposait sur l'idée que la souffrance de l'être humain provenait d'une sorte de faiblesse, d'un trouble psychologique négatif qu'il s'agissait de dépister et de faire disparaître pour se libérer.

Toutes les écoles de psychothérapie se rejoignent sur ce point.

Au temps plus ancien de la phrénologie, à la fin du XVIIIe siècle, Gall théorisa que la forme du crâne permettait de diagnostiquer le trouble mental dont le sujet était atteint. Il a ainsi décrit la bosse du crâne des assassins…

Ce fut le cas aussi de la neurologie, selon laquelle les maladies mentales étaient localisées dans certaines parties du cerveau. Cette approche justifiait la lobotomie, dont la finalité était d'enlever, chez les patients souffrant de mélancolie suicidaire, la partie antérieure du cerveau.

Puis, au début du XXe siècle, la psychanalyse affirma que les névroses étaient liées à un refoulement de problèmes infantiles.

Cette approche sous-entendait que l'homme souffrait d'un problème enfoui dans son inconscient, et non plus dans le cerveau, qu'il fallait faire émerger, rendre conscient pour le neutraliser, par le pouvoir des mots.

Si l'origine du trouble est différente pour la psychanalyse et la neurologie, les deux écoles ont en commun de considérer que les patients malades souffrent d'un trouble qu'il faut réussir à modifier.

La neurobiologie moderne raisonne également de la même manière, néanmoins elle situe le trouble non pas au niveau d'une modification anatomique du cerveau, mais elle l'impute à un mauvais fonctionnement dans la transmission synaptique des neuromédiateurs.

La thérapie comportementale postule, elle, qu'un conditionnement dû à l'association de deux phénomènes crée le problème. Dans l'exemple d'une phobie du tunnel, c'est la coexistence entre le fait d'être dans le tunnel et d'avoir une attaque de panique simultanée dans cet endroit-là qui va créer par conditionnement l'évitement généralisé des tunnels.

Approche complémentaire de la précédente, la thérapie cognitive défend l'idée que nos problèmes proviennent d'un conditionnement négatif de notre passé. Aussi, grâce aux travaux d'Aaron Timothy Beck[1], pionnier des thérapies cognitives, nous avons appris que la dépression était liée à une mauvaise considération de soi, ainsi qu'à une perception négative du monde qui nous environne et de notre avenir personnel. Avec Jeffrey Young[2], nous savons désormais que ce sont nos schémas cognitifs infantiles, c'est-à-dire les croyances sur nous-mêmes et notre appréhension des événements qui

1. A. T. Beck, G. Emery, R. L. Greenberg, *Anxiety Disorders and Phobias. A Cognitive Perspective*, New York, Basic Books, 1985.
2. J. E. Young, J. S. Klosko, *Je réinvente ma vie*, Montréal, Éditions de l'Homme, 1995 ; J. E. Young, *La Thérapie des schémas*, Bruxelles, Éditions De Boeck, 2005.

influencent notre vie. Ces croyances qui demeurent inconscientes modifient considérablement l'analyse et l'interprétation que nous faisons de notre vie. Par exemple, une de mes patientes qui avait un schéma cognitif d'abandon (construit dans l'enfance) faisait des attaques de panique, des crises d'angoisse très graves dès que son petit ami était en retard sans l'avoir prévenue. Elle imaginait immédiatement qu'il l'avait abandonnée. En fait, il n'en était rien. Son petit ami était vraiment amoureux et ne l'abandonnait pas. Simplement, cette patiente revivait dans sa vie présente des émotions du passé sous forme d'angoisse d'abandon.

Dans ce très rapide panorama, on le voit, le point commun entre ces différentes écoles est le principe selon lequel le sujet souffrant présente un trouble, un manque, situé dans le cerveau, dans l'inconscient, dans l'enfance, ou déclenché après un conditionnement…

Nous ne nous réduisons pas à un manque ou à un vilain défaut !

L'approche que je propose dans cet ouvrage prend une tout autre voie que celles qui ont nourri la tradition en psychologie. Après trente années d'observation des patients, je ne pense pas que l'on puisse dire que l'être humain souffrant qui consulte en psychothérapie peut se résumer à un trouble ou à une maladie. Je me dis souvent, face à mes patients, qu'au fond ils sont un peu comme moi. Ils se débattent dans leurs contradictions internes entre ce qui est bon pour eux et ce qui l'est moins. Qui d'entre nous n'a pas des moments de doute avant de prendre une décision importante ? Qui n'est pas anxieux dans des situations de la vie quotidienne comme le passage d'un examen, un entretien d'embauche lorsqu'on est au chômage, la rencontre avec une personne qui nous attire, une discussion familiale qui pourrait générer du conflit ?

Une certaine anxiété n'est-elle pas normale dans ce genre de circonstances ? De plus, n'oublions pas que l'anxiété et le stress nous protègent lorsque nous sommes en danger. Je dis souvent à des patients : « Lorsque vous sortirez de chez moi, si vous traversez la place sans regarder ou sans aller au passage clouté et au feu rouge, vous risquez de vous faire renverser et de mourir ! car le risque est élevé. » En effet, cinq voies de circulation passent devant mon cabinet, et les véhicules filent à vive allure. Iriez-vous jusqu'à dire que les patients qui font un détour de 50 mètres pour aller traverser au passage clouté lorsque le feu est rouge sont des obsessionnels pointilleux ?

Bien sûr que non ! Ce sont simplement des gens prudents. Leur anxiété leur permet d'anticiper le danger. Elle les amène donc à faire le bon choix, à se protéger en allant traverser au passage protégé.

Cette anxiété est ainsi adéquate parce qu'elle permet de s'adapter aux problèmes de la vie courante. Mais elle peut devenir une vraie maladie lorsqu'elle est envahissante. Par exemple, les patients qui souffrent de troubles obsessionnels compulsifs, qui passent des heures entières à vérifier tout ce qu'ils font ou à se laver les mains de nombreuses fois ont une anxiété exagérée et extrêmement perturbante pour eux. Les personnes souffrant d'anxiété sociale, terrorisées par l'opinion des autres sur eux qui les empêche de sortir et les contraint à l'isolement, à vivre sans amis, qui sont souvent célibataires, présentent aussi un état d'anxiété qu'on peut qualifier de pathologique.

Qu'est-ce qui fait la différence entre une anxiété normale et une anxiété pathologique ? Une permanence de l'anxiété, un envahissement des pensées qui empêche d'agir auquel s'ajoutent des répercussions sur la vie personnelle, professionnelle et sociale des personnes qui en souffrent. Ces répercussions peuvent être très importantes et entraver considérablement leur vie.

Dans les deux cas, « anxieux normaux et anxieux extrêmes », nous avons nos ambivalences, nos ambiguïtés et les plus normaux d'entre nous sont peut-être parfois un peu malades. N'avez-vous pas remarqué autour de vous, chez vos amis que des gens apparemment très normaux ont parfois un comportement qui vous surprend par son inadéquation ? Les plus malades sont aussi tout à fait normaux dans des domaines de la vie qui ne suscitent pas trop d'angoisse. La maladie ne touche qu'un des aspects d'une personne et ne l'englobe pas totalement. C'est pourquoi j'essaie de prendre l'habitude (à l'inverse de ma formation médicale) de ne plus dire les malades mais plutôt les personnes souffrant de telle ou telle chose.

La nuance est importante, elle évite d'avoir à distinguer ceux qui seraient normaux de ceux qui seraient anormaux. Il n'y a que des êtres humains qui ont tous des problèmes, mais dont certains sont plus importants et dommageables pour leur vie.

Cette nuance est également importante, car elle définit la position du psychothérapeute moderne, qui va chercher à voir « la partie saine » de la personne souffrante, celle qui fonctionne bien pour pouvoir s'appuyer sur son potentiel et l'aider.

J'ai donc arrêté depuis plusieurs années de considérer mes patients comme des malades, mais plutôt comme des personnes ayant un certain nombre de problèmes qu'elles ne parviennent pas à résoudre.

➤ *Les malades sont des personnes et leur maladie est un problème qui concerne le soigné et le soignant*

Cette nouvelle prise en considération de la personne m'a conduit à un changement total de position épistémologique par rapport à celle ou celui qui est en face de moi. Nous sommes maintenant trois : une personne me consultant, le problème pour lequel elle me consulte et moi. Souvent, d'ailleurs, je prends un objet, un morceau de papier, un pot à crayons ou une balle en mousse, je le pose entre la personne me consultant et moi et je lui dis : « Voyons maintenant comment nous allons travailler ensemble sur le problème que vous m'apportez. »

C'est donc une certaine éthique du soin en équipe, en collaboration, entre une personne en souffrance et une personne supposée détenir un savoir pouvant l'aider.

Souffrances et vertus

Ce qui m'a donné l'envie d'écrire ce livre a été de réaliser que ce à quoi nous tenons le plus, auquel nous nous identifions, qui constitue nos valeurs, nos vertus, est parfois ce qui nous étouffe.

Cette assertion vous paraîtra improbable, sans doute surprenante. Ce que je veux vous dire c'est que ce qui vous fait souffrir est également ce qui vous a construit, ce qui fait votre fierté, ce qui fait ce que vous êtes.

Et ce que je vous annonce, c'est qu'il va falloir vous libérer de ce que vous avez de plus précieux si vous voulez vraiment être libre. Pourquoi vous demander cela ? Pourquoi vous inciter à vous défaire de ce qui vous paraît essentiel ? Comment en suis-je arrivé là ?

Depuis un certain nombre d'années, je consacre une partie importante du temps de la thérapie à matérialiser, sous forme de dialogues, le débat entre le patient et sa voix intérieure. Vous savez, cette petite voix en sourdine, omniprésente au fond de nous.

Derrière cette voix intérieure qui vous critique en permanence et qui dans beaucoup de cas est l'écho d'une voix du passé, se trouve aussi une voix positive qui vous dit : « Fais les choses bien, tu en seras fier pour toi-même et seras apprécié par les autres. »

C'est donc cette même voix qui, à la fois, permet de se construire et fait souffrir. Vous adhérez au discours de cette voix parce que vous avez expérimenté qu'en faisant parfaitement les choses comme elle vous incitait à les faire, vous étiez fier de vous et apprécié des autres. Mais lorsqu'elle se montre trop impérative, trop intransigeante, sans nuances, elle fait votre malheur, en vous faisant sentir que vous êtes nul, que vos résultats ne sont pas au niveau de vos exigences. Cette voix ne fait que retransmettre les règles de vie que vous vous êtes construites et qui guident votre vie.

Vous aurez reconnu, pour ceux d'entre vous qui se sont intéressés à ce thème, celui du perfectionnisme qui m'est cher. Le perfectionnisme n'est ni bon ni mauvais en soi, il est le plus souvent extrêmement utile pour se donner de la valeur, pour s'intégrer aux autres, et bien gérer sa vie. Comme je l'ai montré dans mon livre *Toujours mieux ! Psychologie du perfectionnisme*[1], il peut aussi être extrêmement toxique lorsqu'il devient tyrannique. Les personnes perfectionnistes peuvent être pointilleuses, méticuleuses à l'excès. Elles sont très exigeantes envers elles-mêmes et intraitables sur tous leurs

1. F. Fanget, *Toujours mieux ! Psychologie du perfectionnisme*, Paris, Odile Jacob, 2006.

défauts… Je pourrais bien sûr prendre d'autres règles de vie que « On doit être parfait », comme celle d'Anne que vous verrez développée plus loin. Anne ne sait pas dire non. Sa règle de vie est « Il faut toujours faire plaisir aux autres », elle considère que les autres sont plus importants qu'elle. Ainsi, elle accepte sans cesse des choses qu'au fond d'elle-même elle ne veut pas faire, comme répondre à des invitations, accepter des déjeuners alors qu'elle est déjà très occupée, corriger une thèse pour une étudiante alors qu'elle est saturée de travail. Elle arrive à mon cabinet en pestant contre elle-même : « J'en ai marre, docteur, d'être comme ça, à toujours vouloir faire plaisir aux autres. Je les fais toujours passer avant moi. » Rapidement, Anne réalise que ce message lui vient de son passé. Au cours de la thérapie, on l'amènera à comprendre également que ce même message qui lui complique sa vie fait aussi sa valeur. Anne est une femme sympathique, disponible, ouverte aux demandes des autres. L'altruisme est une valeur importante pour elle. C'est sa vertu. On sait qu'on peut compter sur elle. Elle est appréciée. C'est ce message élaboré durant l'enfance qui l'a construite positivement. Cela, elle le sait, elle l'a compris. Même si cette exigence de faire plaisir l'agace au plus haut point, la dévalorise dans la mesure où elle se sent trop au service des autres, elle sait aussi que ce même message, grâce à son ouverture aux autres, lui a apporté beaucoup de choses et a fait d'elle une femme extrêmement appréciée.

Mon expérience de psychothérapeute m'a donné l'opportunité de rencontrer de nombreuses personnes, d'avoir à traiter différentes formes de pathologies, et aujourd'hui je formule l'idée que nous sommes comme une médaille à deux faces. Nous avons une face négative à laquelle est accrochée une face positive ; l'une est indissociable de l'autre et le tout constitue ce que nous sommes.

La médaille à deux faces

Sachant que l'être humain est comparable à une médaille avec ses deux faces, collées, scellées, inséparables, que pourrions-nous proposer à Anne ? Apprendre à dire non. Bien sûr, j'en suis convaincu. Mais faut-il pour autant amener Anne à devenir une femme fermée aux autres, le contraire de ce qu'elle est en quelque sorte, qui répondrait non à toutes les demandes ? Elle risquerait de ne plus se reconnaître elle-même dans ses valeurs d'empathie et d'ouverture. Faut-il au contraire qu'Anne abdique, se soumette à sa règle de vie et continue à être gentille et ouverte aux multiples demandes, sans jamais dire non, comme on le lui a appris ? Ou bien alors, dans une possible troisième voie, Anne pourrait-elle apprendre à jouer, à jongler avec sa voie critique intérieure, l'acceptant parfois et rendant service aux autres, et lui demandant d'autres fois de la laisser en paix en lui disant « non, je suis trop dans l'abnégation des autres, dans ce cas je vais me protéger et rester tranquillement chez moi » ?

Très franchement, je ne crois pas que ni moi en tant que thérapeute ni vous en tant qu'ami ou conjoint ou membre de la famille nous ayons le droit de dire à une personne quel chemin choisir. Toutefois, il peut s'avérer très utile de lui montrer qu'il existe différentes options possibles et qu'on n'est pas obligé de se soumettre à un choix inconscient qui fait souffrir.

La face positive de ce que nous sommes est étroitement associée à sa face négative. Vous l'aurez compris, ce problème n'est pas facile à résoudre : comment se sentir mieux, se libérer, sans se trahir soi-même et sans abdiquer ?

Mon objectif est de vous aider à comprendre, pour mieux vous donner le choix, la possibilité de faire votre choix.

Je vous présenterai quelques situations que j'ai rencontrées dans ma pratique de psychothérapie. Cynthia, Anne, Adriana et Sébastien vous permettront de voir comment nous avons pu ensemble décoder cette médaille à deux faces, comprendre sa complexité afin d'aider chacun de ces patients à voir plus clair en lui.

Nous allons donc nous appuyer sur des règles de vie parmi les plus courantes comme : « On ne doit pas décevoir, on doit réussir et montrer qu'on est capable, on doit mériter sa place, on doit faire plaisir aux autres, on doit être comme les autres… »

Ces règles de vie ne sont pas les seules, il en existe de nombreuses autres. J'ai choisi celles-ci en particulier, car elles sont assez fréquentes et régissent l'existence de bon nombre d'entre nous. Une fois que vous aurez mis au jour vos règles personnelles, leur influence dans votre existence, leur origine dans votre enfance, leur généralisation dans tous les domaines de votre vie, leur influence sur vos émotions, vous pourrez alors, en y voyant plus clair en vous-même, décider du choix que vous ferez.

Soit accepter votre règle de vie, car en un certain sens elle correspond à ce que vous voulez vraiment, vous êtes en accord avec elle et même si elle vous fait souffrir elle incarne le sens de votre vie. C'est le choix qu'ont fait des personnages tant admirés comme mère Teresa, l'abbé Pierre ou Nelson Mandela. Ils ont décidé de vivre et d'assumer totalement la règle « Je dois donner aux autres ». Bien que nous ayons essentiellement vu la face positive et valorisée de leur fonctionnement, on peut imaginer qu'ils n'ont pas vécu selon cette règle sans souffrance.

Il existe donc une deuxième solution qui est de vous libérer de vos règles parce qu'elles vous font trop souffrir. Mais, attention, si vous en rejetez le côté négatif vous risquez aussi de perdre ce à quoi vous tenez le plus. Aurait-il été possible pour mère Teresa, l'abbé Pierre ou Nelson Mandela de devenir de grands égocentriques qui ne donnent plus la moindre minute de leur temps aux autres ? Auraient-ils été en accord avec leurs valeurs profondes ? Nous le voyons, les règles de vie, la voix intérieure qui les porte ou nous les rappelle, parfois trop, et nos valeurs de vie ou nos vertus sont liées. Vouloir alléger le poids des unes, c'est prendre le risque de perdre aussi ce qui nous guide.

C'est la raison pour laquelle le besoin de se libérer appelle une troisième solution, fondée sur un savoir-faire, une certaine méthode pour laquelle je peux vous aider en m'appuyant sur ma pratique et les nombreux travaux de mes collègues.

Comment se libérer de ses règles de vie ?

Entre une acceptation totale de ses règles de vie, voire une abdication, et une opposition totale à celles-ci il existe la troisième voie que je vous propose de découvrir.

Elle n'est pas sans ressemblance avec les processus d'identification et d'opposition à l'œuvre lors de la construction de la personnalité de l'enfant. Psychologiquement, au début de sa vie, un enfant s'identifie à ses parents. Il cherche à être comme eux, ne les critique pas et adhère à leurs conceptions. Puis, à l'adolescence, il va souvent passer par une phase d'opposition, parfois brutale, rejetant intégralement tout ce qu'on lui a proposé jusqu'à présent. Cela ne change d'ailleurs pas grand-chose, c'est un peu comme le négatif de la photo où le noir devient blanc et le blanc devient noir. Faire l'opposé équivaut souvent à faire la même chose. C'est pourquoi une bonne évolution psychologique nécessite souvent une troisième phase d'identification personnelle, où le sujet va faire le tri entre ce qu'il garde de ses parents, ce qu'il rejette et ce qu'il élabore lui-même, ce qui fera sa personnalité sans s'identifier ni s'opposer à ses parents.

Apprivoiser sa voix critique intérieure

Se libérer de ses règles de vie relève du même processus. Comme vous le verrez, on peut choisir l'acceptation totale, mais cette fois en connaissance de cause. Je sais que je me soumets à ma règle de vie, car je l'ai comprise ainsi que l'influence qu'elle a sur moi, mais je prends la décision en conscience. C'est une soumission librement consentie.

L'autre extrême est l'opposition frontale à sa règle de vie. Peut-être avez-vous autour de vous des personnes qui ont brutalement changé le sens de leur vie, signant une rupture avec leurs valeurs premières ?

Et puis il y a les autres solutions où on va moduler ses règles de vie, leur parler, leur dire « Écoute, là il faut que tu me lâches un peu, c'est trop... », à d'autres moments on leur dira : « Oui, là tu as raison, c'est vrai, il faut que je fasse bien ou que je donne aux autres. » On pourra choisir de leur dire aussi : « Écoute, je suis occupé(e), je discute avec une personne, il est inutile de venir me rappeler tous mes échecs et me dire à quel point je suis nul(le)... » On pourra apprivoiser un peu notre voix critique intérieure, qui est le vecteur de nos règles de vie, en débattant, en négociant avec elle, comme vous le verrez plus loin dans le livre.

Commençons tout d'abord par appréhender notre voix intérieure.

CHAPITRE 2

La voix intérieure, une fenêtre ouverte sur notre vie psychique

La voix intérieure, notre radio mentale

Cette radio est comme un bruit de fond permanent qui fonctionne en sourdine, tel le fond sonore que nous entendons parfois chez le coiffeur, le garagiste ou dans certains hôtels le matin au petit déjeuner : « Ne fais pas ci, ne fais pas ça, attention tu vas le blesser, non, ne fais pas cette demande, elle est abusive, il va mal le prendre, non, n'entame pas cette relation, il va t'abandonner… Décidément elle est trop exigeante… Tu dois décider vite sans te tromper, tu n'as pas le droit à l'erreur… » Ce bruit de fond, cette tendance au contrôle ou à l'inhibition nous bloque ainsi dans nos comportements ou nos actes.

Bien sûr, dans certains cas, cette voix sait être positive et constructive. Avant un examen, on peut l'entendre : « Vas-y, tu peux réussir, tu as fait le maximum pour cet examen, c'est ce qui compte… » Ou bien avant une rencontre : « Sois toi-même, naturel, ne cherche pas à séduire ou à présenter un autre personnage. Si on t'apprécie, au moins on saura qui tu es… » Elle encourage et aide à affronter les événements.

Avant un entretien d'embauche, on pourrait idéalement entendre ce discours : « C'est une situation stressante pour tout le monde, il est normal que tu le sois aussi, présente tes qualités et tes défauts de manière très honnête, ainsi ils ne seront pas surpris s'ils retiennent ta candidature et n'auront pas l'impression que tu les as trompés lors de ton entretien d'embauche… Tente ta chance, mais sois réaliste, il y a beaucoup de monde… Si tu corresponds au profil, ils te prendront et si ce n'est pas le cas, cela ne voudra pas nécessairement dire que tu es en cause, mais simplement qu'il y a beaucoup de demandes en cette période de crise économique… »

Cette voix intérieure peut aussi rester positive même après un échec, par exemple après un examen : « Tu as fait le maximum, tout ne dépend pas de toi, l'examen était difficile, courage, tu le repasseras… » Ou bien encore après un dépit amoureux : « Tu as bien fait de te déclarer, si tu ne l'avais pas fait tu regretterais de ne pas avoir essayé, et puis l'amour se vit à deux, s'il ou elle ne t'aime pas vraiment tu seras malheureux… » Dans tous ces exemples, cette radio mentale fonctionne bien. Si votre voix intérieure se manifeste sous cette forme, je ne peux que vous inciter à poursuivre avec elle sur ce mode, sans rien modifier !

Toutefois, dans ma pratique, je rencontre plus fréquemment des personnes dont la voix intérieure négative prédomine. La voix intérieure est tantôt positive, tantôt négative selon les circonstances. C'est normal. Elle est adaptée à la situation que nous sommes en train de vivre. Le problème provient du fait que la voix intérieure négative prédomine alors que la réalité n'est pas entièrement négative ou bien que la voix intérieure positive prédomine alors que la réalité n'est pas totalement positive. Ce qui importe donc c'est que cette voix intérieure reste adaptée au contexte sans le positiver ou l'assombrir exagérément.

Voyons quelques exemples de discours de voix intérieures que j'ai pu écouter dans ma pratique avec les personnes que j'ai aidées.

Charlotte, à 48 ans, est en recherche d'emploi. Sa recherche actuelle exige d'avoir des contacts de réseau, en particulier pour les seniors. Or cette démarche est très difficile pour Charlotte, alors même qu'elle est responsable commerciale et donc rompue aux contacts téléphoniques et aux rendez-vous professionnels.

Dans un groupe de recherche d'emploi, Rémy, une de ses relations, lui donne un contact à approcher.

Rémy : « J'ai bien compris ton projet professionnel et je crois pouvoir te donner un contact intéressant. Il s'agit du directeur commercial d'une société informatique mais qui a auparavant travaillé aussi dans la pharmacie. Son nom est M. X, son numéro de téléphone est 11 22 33 44 55. Contacte-le de ma part, je l'ai rencontré récemment et il se souvient très bien de moi. »

Charlotte : « C'est super ! Est-ce que tu peux me préciser dans quel contexte vous vous êtes rencontrés pour que je ne fasse pas d'impair ? »

Voix intérieure de Charlotte : « Il va falloir encore que je prenne mon téléphone pour avoir un rendez-vous et des informations. Quelle galère ! »

Rémy : « Oui, nous avons participé ensemble au même séminaire organisé par Sirius, c'était il y a deux mois et nous avons bien sympathisé. »

Voix intérieure de Charlotte : « Les personnes en activité sont à des années-lumière de savoir ce que c'est qu'une recherche d'emploi. Il va falloir que je ressorte encore le même baratin. »

Le lendemain matin, Charlotte continue à ruminer ses pensées.

Voix intérieure de Charlotte : « Bon, nous sommes mardi matin, je devrais prendre mon téléphone et appeler M. X, mais je n'ai pas le courage. D'abord, j'ai l'impression de quémander et c'est très désagréable, car j'ai le sentiment d'être en situation d'infériorité. Ensuite, qu'est-ce qui peut l'intéresser chez moi pour avoir envie de m'aider ? Bon, allez, j'y vais. Oh et puis je vais plutôt remettre cela à cet après-midi. Le matin, j'ai les idées plus claires pour faire des recherches sur Internet ou répondre aux annonces. »

Mais l'après-midi la voix intérieure de Charlotte est toujours là.

Voix intérieure de Charlotte : « Allez, il faut que je m'y mette. D'abord, j'ai dit à Rémy que je l'appelais aujourd'hui, donc je me suis engagée. Parole donnée. Oui, mais ce M. X a certainement beaucoup d'autres choses à traiter, bien plus urgentes que de m'écouter dérouler mon projet et se creuser la tête pour me donner des informations. Non, vraiment je ne le sens pas. Pourquoi m'accorderait-il du temps et de l'intérêt ? Je ne suis pas intéressante pour lui. J'ai peur de bafouiller ou de ne pas être claire… Oh et puis zut, allez, je me lance. »

Charlotte prend alors courageusement son téléphone en main.

Charlotte : « Allô, bonjour, j'aurais souhaité parler à M. X de la part de Rémy Martin. »

Son assistante : « Bonjour, je suis désolée, M. X n'est pas là. Il est en déplacement à l'étranger et ne sera de retour que jeudi matin. »

Charlotte : « Bon, j'ai bien noté. Dans ce cas, je le rappellerai jeudi matin. Au revoir. »

Voix intérieure de Charlotte : « Ouf, tant mieux, même si cela diffère le rendez-vous, je préfère rappeler plus tard. »

Charlotte vit une période difficile. Après un licenciement qui s'est déroulé dans de très mauvaises conditions, elle recherche un emploi depuis plusieurs mois, en vain. On lui oppose régulièrement son âge comme motif de refus. Dans ce contexte, Charlotte vient de faire une dépression et on le voit, bien que sa voix intérieure soit moins négative que lors de sa dépression, celle-ci la fait encore douter, cherche à la décourager dans ses démarches en lui donnant le message général suivant : « Tout cela ne sert à rien, tu ne trouveras pas, les autres ne te comprennent pas. » Heureusement, Charlotte est persévérante et ne se laisse pas totalement submerger.

La voix intérieure se fait entendre en toute situation, notamment aussi en couple.

Arthur vient de commencer une relation de couple avec Sabine. Il a eu deux enfants d'un premier mariage et doit négocier leur garde avec son ex-femme, Camille, pour le week-end. Sabine, elle, est célibataire. Elle a très envie de voir Arthur le week-end. Le couple discute pour savoir s'ils pourront se voir le prochain week-end.

Arthur : « Pour le week-end du 23 septembre, cela ne va pas être possible. »

Voix intérieure de Sabine : « Qu'est-ce qu'il va encore me dire ? Il faut que je me décontracte pour qu'on arrive à parler. »

Sabine : « Pourquoi ? »

Arthur : « Tu sais, j'ai déjeuné avec Camille vendredi et finalement c'est repoussé à la semaine prochaine à cause de mon jury. »

Voix intérieure de Sabine : « Ça y est, je sens les larmes qui montent, et une grande tristesse qui m'envahit. »

Arthur : « Camille voudrait que j'aie les enfants le week-end du 23. »

Sabine : « Et comment le sais-tu ? Tu en as déjà parlé avec elle ? »

Voix intérieure de Sabine : « Je suis toute fébrile comme une petite fille. J'essaie de contenir mes larmes, de ne pas montrer mon état de sensibilité. Je ne veux pas qu'il croie que je craque encore et qu'il ne peut pas parler de ça avec moi. »

Arthur : « J'ai commencé à lui parler. C'est compliqué. Il faut que je m'organise vite ! Elle m'a répondu par mail. Elle voudrait équilibrer les semaines. »

Sabine : « Mais ça la gêne de garder plus longtemps ses enfants ? »

Voix intérieure de Sabine : « Elle cherche vraiment toujours à me pourrir la vie ! J'aimerais qu'elle ne soit pas là. C'est toujours moi qui passe à l'as. »

La voix intérieure de Sabine l'infantilise. Elle a tendance à la traiter d'enfant capricieuse, déclenche également beaucoup de colère, l'amenant à mal juger l'ex-femme d'Arthur.

La voix critique intérieure est présente aussi dans un contexte professionnel, lorsque nous travaillons.

Stéphanie, jeune femme de 30 ans, éducatrice d'adolescents en difficulté, suit une thérapie de groupe d'affirmation de soi. Elle était très timide et envahie par sa voix intérieure critique qui l'empêche de prendre la parole dans les réunions professionnelles, d'être elle-même face à un homme, etc. Sa mère reste très critique à son égard, un peu comme quand elle était enfant, lui reprochant de ne jamais bien faire les choses.

Stéphanie est en réunion de travail. On parle d'un jeune handicapé dont elle s'occupe, elle aurait beaucoup de choses intéressantes à dire, mais sa voix intérieure revient.

Voix intérieure de Stéphanie : « Tu n'as rien d'intéressant à dire, tu connais moins bien le cas que ce collègue qui a l'air beaucoup plus à l'aise que toi et qui en sait plus. Il a l'air très affirmatif, sûr de lui, si tu interviens tu vas te faire descendre. De toute façon, tu sais bien que tu n'as rien de très intéressant à dire. »

Stéphanie, en pleurs : « Mais c'est exactement ce que ma mère me répète tout le temps. »

La voix intérieure peut nous empêcher d'agir. C'est ce que l'on appelle l'inhibition anxieuse. L'anxiété liée à la situation de prise de parole s'accompagne d'un discours intérieur très négatif, qui surgit du passé de Stéphanie, en l'occurrence la voix parentale, la parole de la mère, qui l'empêche de s'exprimer calmement lors de sa réunion d'équipe.

Ainsi, lorsque nous n'arrivons pas à faire quelque chose (domaine du comportement), c'est parce que nous ressentons un malaise trop fort (domaine de l'émotion) et parce que notre voix intérieure est trop critique envers nous-mêmes (domaine de la cognition ou des pensées).

Ces trois domaines, le comportement, l'émotion, la cognition, définissent notre façon d'être. Il y a mon comportement, « ce que je fais », mes émotions, « ce que je ressens », mes pensées, mes cognitions, « ce que je pense » : c'est ce que me raconte ma voix intérieure.

Pour mieux se comprendre, il est essentiel de ne pas se focaliser sur les comportements, les siens ou ceux des autres, mais de prendre en compte également ce que l'on ressent à l'intérieur de soi (les émotions) et surtout le discours à l'intérieur de soi (la voix intérieure). Cette analyse des problèmes en trois dimensions est la première étape de la compréhension de soi-même que nous allons approfondir tout au long de ce livre. Cependant, continuons dans un premier temps à percevoir l'importance de la voix critique intérieure et des effets qu'elle produit sur notre vie.

La voix critique intérieure, un ennemi envahissant ?

Comme nous le voyons, notre voix critique intérieure s'insinue dans tous les domaines de la vie. Elle est là, en permanence. Elle commente tous nos actes, nos gestes de la vie quotidienne, nous évalue, nous critique et parfois heureusement nous soutient (lorsqu'on va bien). Surtout, elle fixe les règles de vie, que selon elle nous devons respecter. Bien sûr ces règles c'est nous-mêmes qui nous les sommes fixées, la plupart du temps au cours de notre enfance. Mais maintenant que nous sommes devenus adultes, ces règles sont sans doute à revoir, elles ne sont peut-être plus adaptées à la situation que nous sommes en train de vivre. C'est à nous de décider à quelles règles de vie nous voulons répondre, lesquelles nous désirons satisfaire.

➤ *La voix critique intérieure responsable d'une partie de nos malaises*

Au lieu de chercher la source de vos souffrances dans les événements (qu'ils soient familiaux, professionnels, amicaux, sociaux...) que vous vivez dans votre vie quotidienne, prenez conscience qu'une grande partie de vos angoisses vient aussi de votre façon de penser, d'interpréter les choses, en un mot de cette voix critique intérieure que vous entendez au moment où vous vivez ces situations. Cette voix critique intérieure influence la perception que vous avez des événements. Et rarement en mode positif. Elle peut déformer la réalité, un peu comme ces miroirs déformants dans lesquels nous nous amusions à nous regarder lorsque nous étions enfants. Ces miroirs peuvent nous faire paraître beaucoup plus gros que ce que nous sommes ou beaucoup plus maigres, selon leur forme concave ou convexe. C'est néanmoins bien nous qui sommes face au miroir, mais notre image est totalement déformée, nos traits sont bien réels mais accentués. Voici donc ce qui peut advenir de la réalité si notre voix intérieure est trop critique envers nous-mêmes.

➤ *Ce n'est pas uniquement ce que nous vivons qui nous soucie, c'est aussi et surtout la façon dont nous pensons ce qui nous arrive*

Bien sûr cette déformation de la réalité n'exclut pas que des événements de vie comme un deuil, la perte d'un être cher, le chômage, un accident, un handicap puissent en eux-mêmes constituer un véritable fardeau, pesant lourdement sur notre état psychique. La voix critique intérieure vient alors accentuer nos souffrances pourtant déjà bien suffisantes. Et cela se vérifie en particulier dans les petits événements de la vie quotidienne, qui se répètent de jour en jour, qu'il s'agisse d'un conflit au travail, d'un conflit de couple, ou encore d'une difficulté avec un membre de notre famille…

➤ *La voix critique intérieure, une habitude ancienne*

Votre voix critique intérieure, même si elle apparaît au moment où vous vivez une difficulté dans votre présent, trouve en réalité son origine dans un lointain passé. Nous l'avons vu avec Stéphanie, dont la résurgence du discours maternel rendait difficile sa prise de parole en public.

Cette voix critique intérieure issue de notre enfance a été modelée par notre éducation. Nous avons intégré ce qui nous paraissait bon pour nous. Nos règles de vie ont été édifiées dans ce contexte infantile, elles se sont inscrites dans notre mémoire à long terme et continuent à nous guider. N'ayant pas vraiment conscience de leur permanence, nous continuons à vivre avec ces règles infantiles, sans qu'elles soient toujours adaptées à ce que nous vivons. Petit à petit elles peuvent se montrer en décalage avec ce que nous vivons et finir par nous perturber. De même que votre ordinateur vous propose régulièrement des mises à jour, il est important de réactualiser ses règles de vie en fonction des événements que nous vivons, des évolutions de l'environnement et de notre entourage. Pour changer, il faudra se libérer de cette voix intérieure négative.

Pour ce faire, il faut d'abord comprendre d'où elle vient, comment elle s'est constituée ; comprendre aussi paradoxalement à quoi elle sert, dans quelle mesure elle trouve son utilité.

Ces règles que nous avons envers nous-mêmes, celles que nous fixons aux autres, celles que la société nous renvoie, prennent parfois notre destin en main, à notre place. Je dis souvent à mes patients « Prenez votre vie en main, ne la laissez pas être dirigée par votre voix critique intérieure ».

Alors, comment faire pour gérer cette voix critique intérieure ?

D'abord mieux comprendre comment elle fonctionne, mieux se comprendre grâce à une méthode claire et efficace : la conceptualisation cognitive, que nous allons découvrir dans les chapitres suivants. Ce n'est qu'à la suite de cette étape de compréhension que nous pourrons agir efficacement sur notre voix critique intérieure. Pour cela appuyons-nous sur les connaissances de la psychologie moderne et aidons-nous de quelques exemples issus de ma pratique, que nous déchiffrerons ensemble dans les chapitres suivants. Je vous proposerai ensuite, à la fin du livre, quelques astuces pour vous permettre de mieux gérer votre voix critique intérieure et de vous en libérer.

CHAPITRE 3

Je me comprends. Comment mener à terme la conceptualisation

La conceptualisation consiste à comprendre de manière approfondie les difficultés que l'on rencontre dans la vie et à les modéliser sous forme de fiches modèles ou de cercles vicieux (voir p. 41). Cette représentation par le schéma permet, en le visualisant, de prendre conscience du cercle vicieux dont nous sommes prisonniers. Ainsi, dès lors que l'on comprend le processus psychique qui est le nôtre, il devient possible de le modifier.

Généralement, une fois que l'on a décodé notre manière de fonctionner sur un ou deux exemples de sa vie, on peut également mettre au jour notre voix critique intérieure ainsi que les règles de vie qui en dépendent, nos schémas cognitifs conditionnels et inconditionnels, nos valeurs, nos vertus. Et on peut alors comprendre la plupart de nos difficultés.

Pour cela, je vous propose de nous appuyer sur un cas clinique, celui de Cynthia. Nous essaierons ensuite de généraliser cette conceptualisation cognitive.

Devenir son propre allié

Pour chacun des exemples que je présenterai dans ce livre, je nommerai « l'allié » le tiers accompagnant. Ce peut être moi-même en tant que thérapeute, vous si vous vous entraînez à appliquer la méthode de ce livre avec un(e) ami(e) en difficulté qui aurait besoin de votre oreille attentive. L'allié est celui qui sait écouter, questionner, relancer, au cours d'un dialogue que je qualifie de socratique, car Socrate faisait accoucher par la parole. Ce pourra également être vous-même dans un dialogue avec vous, lorsque vous serez devenu un expert de la conceptualisation. Ce modèle vous aidera à prendre en charge une partie de vos difficultés personnelles. Vous deviendrez votre allié, c'est-à-dire en quelque sorte votre propre thérapeute.

Les exigences élevées

Je vous propose de commencer notre étude de la conceptualisation cognitive à la lumière d'une règle de vie courante : « Il faut que je fasse des choses exceptionnelles. » Vouloir être parfait, excellent, faire bien les choses sont des objectifs tout à fait respectables et à respecter d'ailleurs. Mais lorsque ce désir de perfection s'applique à toute chose, on peut alors finir par s'épuiser. Nombre de personnes que j'ai rencontrées fonctionnent sur ces principes et en souffrent. Voici l'exemple de l'une d'entre elles, Cynthia.

Cynthia, 32 ans, est infirmière ; elle ne parvient pas à surmonter des peurs anciennes qui la handicapent, en particulier au niveau social. Malgré de nombreuses thérapies qui l'ont aidée, ses comportements perfectionnistes restent inchangés.

Elle n'arrive pas à s'engager sereinement dans une vie de couple. Elle reste extrêmement sensible à l'opinion des autres sur elle : « Je dois créer l'admiration chez l'autre pour valoir quelque chose et montrer que je suis intéressante. »

Cynthia décrit une situation où elle s'est sentie mal : elle attend chez elle deux amies qui doivent passer voir la nouvelle décoration de son appartement, qu'elle a totalement imaginée elle-même. Le jugement des autres est si important pour elle qu'il génère beaucoup de stress.

➤ *La voix intérieure de Cynthia*

La voix critique intérieure de Cynthia lui dit : « Non, ce mur ne va pas, cette couleur ne me plaît pas en fait. Mais Élodie m'avait dit de faire ça. Finalement je n'arrive pas à mettre en place le reste. Et si je repeignais tout en blanc ? Je pourrais alors mettre un tableau ici et garder un peu de profondeur. Mais est-ce que ce sera original ? Cela ne va-t-il pas rétrécir la pièce ? Je vais aller voir dans des livres de décoration et sur les sites spécialisés. »

Cynthia a finalement repeint le mur en blanc, ce qui lui a demandé deux jours de travail.

Malgré cela, sa voix critique intérieure reste intraitable : « Bon, maintenant je fais quoi ? Ah tiens, ça, c'est pas mal ! Mais est-ce que cela fera une décoration vraiment hors du commun ? Je veux quelque chose qui marque, qui impressionne, et qu'on dise : "Dis donc, Cynthia, un appart de rêve, hors du commun, une grande classe !". »

Les minutes passent et ses amies vont arriver, la voix critique intérieure de Cynthia se fait plus intense : « Tout se bouscule dans ma tête, je n'arrive plus à penser par moi-même. Je vise toujours plus haut que haut, le maximum et, si je n'y arrive pas, je suis en colère envers moi-même. Je fais tout ça pour obtenir l'approbation des autres pour exister, avancer et me dire que j'en vaux la peine. J'ai des idées et plein d'idées même, mais je n'ose pas me lancer, par peur de me tromper, de mal faire… Résultat, je n'avance pas, je tourne en rond et je m'énerve contre moi-même… Je me dévalorise encore plus, car je n'arrive pas à trouver grâce à mes yeux et aux yeux des autres. »

Comme on le voit, la voix critique intérieure de Cynthia est particulièrement bavarde. Comment peut-on l'analyser ?

➤ *La dépendance aux règles personnelles*

Comme le montre son discours intérieur, Cynthia souffre d'une dépendance excessive à l'approbation d'elle-même et des autres. Sa règle est : « Il faut que je fasse des choses exceptionnelles. » Tout l'enjeu pour elle est de se sentir appréciée et de s'estimer. Cette règle a pour conséquence la crainte permanente d'être désapprouvée par elle-même et par les autres. De nombreux comportements perfectionnistes (ici l'obsession d'une décoration parfaite) se mettent en place pour éviter ces désapprobations. Cynthia attend de ses amies qu'elles lui disent : « Il est superbe ton appartement, il est vraiment génial », ce qui la remplirait de joie, la rassurerait, lui donnerait le sentiment d'être une personne valable.

Le problème, quand une personne est très perfectionniste, est qu'elle excelle dans ses projets dans l'intention de susciter l'admiration de son entourage, d'obtenir en retour une réaction qui la valorisera et la rassurera. Reconnue, fière d'elle, elle pourra enfin s'aimer. Ce besoin d'approbation et de reconnaissance conduit à un perfectionnisme toujours plus conséquent, parce qu'il s'agit à chaque fois d'obtenir toujours plus d'approbation et d'amour. C'est ce que j'ai appelé le perfectionnisme d'intégration sociale dans un de mes précédents ouvrages[1].

---

1. F. Fanget, *Toujours mieux !*, *op. cit.*

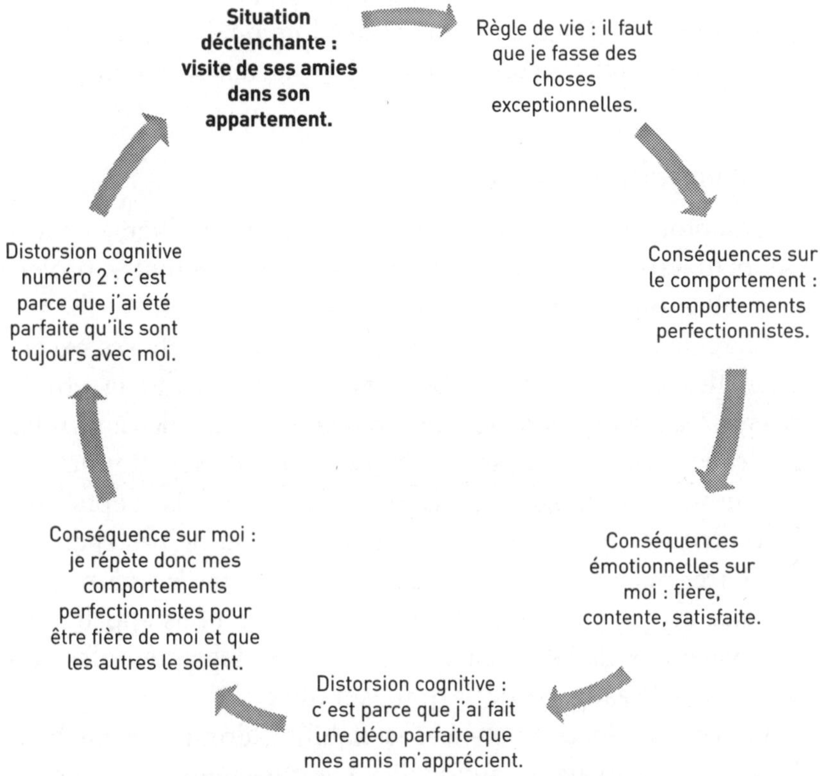

Schéma 1. Le cercle vicieux de Cynthia
« Il faut que je fasse des choses exceptionnelles. »

➤ *La généralisation du comportement*

Nous devenons très vite dépendants de nos règles de vie. On est parfait ou on vise la perfection dans l'intention de s'aimer soi-même (perfectionnisme de valorisation) puis pour se faire aimer des autres (perfectionnisme d'intégration sociale) et lorsqu'on est aimé, on se sent parfait. La boucle est bouclée et le cercle vicieux bien installé.

Le perfectionnisme devient toxique (comme je l'ai expliqué dans mon livre *Toujours mieux !*) dès lors qu'il se généralise et conditionne tous les comportements et les relations aux autres.

➤ *L'ambivalence des règles personnelles*

Toutefois, le perfectionnisme n'est pas un problème en soi. On peut être perfectionniste dans certaines activités professionnelles ou certains actes qui le méritent.

La règle de Cynthia, « Il faut que je fasse des choses exceptionnelles », est pleine de bon sens. Quelle serait la phrase inverse ? Ce serait ridicule, voire risible de demander à Cynthia de ne pas chercher à faire quelque chose d'exceptionnel !

Comment alors sortir de ce dilemme ? Viser l'exceptionnel et souffrir de son perfectionnisme toxique ou ne pas chercher à le faire, mais alors se déconsidérer soi-même en ne respectant pas ce qui est essentiel pour soi, ce que nous appellerons « les valeurs » dans le langage de la psychologie, ou « les vertus » dans le langage de la philosophie ?

Le sérieux, la compétence, la fiabilité, donner le meilleur de soi sont les valeurs auxquelles Cynthia tient tant. Elle les énonce avec fierté pour sa grande satisfaction et avec l'approbation des autres. Il serait donc difficile de remettre en cause des vertus tant valorisées. Derrière ces vertus se cache une peur (celle de l'imperfection pour Cynthia) que l'on combat en se fixant à soi-même des conditions pour sortir de cette imperfection. La formulation de ces conditions commence par un *si*. Pour Cynthia : « *Si* je fais les choses parfaitement, je me sentirai une personne valable. » Dans la terminologie de la psychologie cognitive, c'est ce que l'on nomme le schéma conditionnel. Il s'est le plus souvent forgé dans l'enfance au moment où l'enfant a dû imaginer des solutions personnelles pour se valoriser et trouver sa place dans son environnement familial et social. Nous y reviendrons plus en détail. Pour trouver votre schéma cognitif conditionnel, demandez-vous *pourquoi* les comportements perfectionnistes sont si importants pour vous et pour cela appliquez ce qu'a fait l'allié avec Cynthia. Questionnez-le sur le *pourquoi*. Pourquoi est un mot magique.

Les expressions magiques

Il est des expressions magiques qu'il est très utile d'utiliser lorsqu'on veut mieux se comprendre. Je vous conseille d'utiliser ces mots magiques et j'insiste sur la nécessité d'utiliser la forme interrogative. Voici quelques exemples de ces expressions magiques :

- Pourquoi ?
- Qu'est-ce qui ?
- Qu'est-ce que ?
- Comment ?
- Et alors ?
- Quelles seraient les conséquences sur vous, sur votre entourage ?
- Quelle image auriez-vous de vous-même ?

Les questions ouvertes commencent par exemple par « qu'est-ce que, qu'est-ce qui, comment ou pourquoi » et ne permettent pas des réponses par un simple oui ou non, elles invitent l'interlocuteur à s'exprimer davantage. On peut l'aider ainsi à préciser sa pensée, à la verbaliser plus facilement. Par ailleurs, il faut éviter d'interpréter ou de poser des questions inductives – « Ne pensez-vous pas que cela signifie que » – qui risqueraient d'orienter les réponses. En effet, les questions inductives peuvent amener l'interlocuteur à répondre dans le sens que suggère la question et non pas en fonction de ce qu'il ressent vraiment. Ce dialogue socratique ne doit pas être inductif et s'appuyer sur des questions dans lesquelles ne transparaît aucune de nos propres pensées, de nos croyances ou de nos interprétations. Cela est très important pour respecter la pensée de l'autre. C'est pourquoi je propose des mots magiques permettant d'ouvrir votre questionnement à d'autres possibilités de réponses.

L'allié : « Mais au fond, Cynthia, pourquoi est-ce si important pour vous d'être toujours parfaite ? »

Cynthia « Je me sens bien quand je fais les choses parfaitement. »

L'allié : « Qu'est-ce que cela vous apporte au fond de vous, quelle image avez-vous de vous lorsque vous êtes parfaite ? »

Cynthia : « Si je suis parfaite, je me dis que je suis quelqu'un de bien, de valable, qui a une certaine valeur... Et puis je suis plus sûre d'être acceptée par les autres, ils n'auront pas de raison de me rejeter. »

➤ *La voix critique intérieure : la cause de notre anxiété*

Comme on le voit dans cet exemple, c'est l'écoute de la voix critique intérieure surgissant au cours d'une situation de vie apparemment banale (visite de son appartement par ses amies) qui va permettre de déceler la raison de l'anxiété dans certaines situations.

Nous pouvons, par l'écoute attentive de notre voix critique intérieure, cerner nos règles de vie (Cynthia : « Il faut que je fasse des choses exceptionnelles »). De plus, nous avons le pouvoir de comprendre que ces règles de vie sont responsables de nos comportements en les modélisant sous la forme d'un cercle vicieux (comme l'a fait Cynthia pour ses comportements perfectionnistes).

Cette étape révèle (comme vous le voyez sur le schéma p. 41) la véritable raison du perfectionnisme de Cynthia : ce n'est pas la situation (la visite de ses amies) qui déclenche ses comportements perfectionnistes mais plutôt sa voix critique intérieure, et plus particulièrement la règle de vie : « Il faut que je fasse des choses exceptionnelles. » Cet élément est fondamental : ce sont nos pensées qui guident nos actions tout autant que les situations de vie que nous vivons. C'est le fondement de la théorie cognitive du psychisme. Épictète l'évoquait déjà. Ce ne sont pas les choses qui nous perturbent mais la façon dont nous les voyons. En outre, c'est cette même pensée qui alimente notre anxiété, nos malaises. C'est là l'entrée dans le cercle vicieux. Petit à petit nous nous convainquons que ce sont nos comportements perfectionnistes qui font notre valeur puisque, au fond, nous pensons : « Si je fais les choses parfaitement, alors je serai une personne valable. » Cette formulation est le fondement même du schéma conditionnel du perfectionniste, qui conditionne l'évaluation de ce qu'il est à ses comportements perfectionnistes.

L'exemple de Cynthia ne peut, cependant, être généralisé, car nous ne sommes pas tous perfectionnistes. Néanmoins, comme nous le verrons plus tard, le mécanisme est le même pour les autres types de fonctionnement psychologique. Quant à la modélisation sous forme de cercle vicieux et de fiche modèle, nous allons voir à présent qu'elle est d'une grande aide pour mieux se comprendre.

La conceptualisation

À travers l'exemple de Cynthia, nous pouvons élargir notre compréhension du fonctionnement cognitif humain.

L'écoute de notre voix intérieure nous conduit à prendre conscience de ce que nous appelons les règles intérieures qui s'expriment par le pronom indéfini « on » ou le pronom impersonnel « il ». On peut facilement les repérer dans sa voix intérieure, ce sont des phrases qui commencent par « On » ou « Il », « Il faut, On doit, Il faudrait, On devrait... ». L'énoncé de ces règles se concrétise de la manière suivante :

- « On doit faire quelque chose d'exceptionnel, de remarquable. »
- « Il faut que je fasse des choses exceptionnelles. »
- « On fait bien ou on ne fait pas. »
- « Il faut être le meilleur. »...

La « musturbation » selon Albert Ellis[1]

Pionnier américain de la thérapie cognitive, Albert Ellis fut l'inventeur de ce qu'il nomma la *musturbation*. Il avait un certain sens de l'humour et une vraie connaissance du français qui lui permirent de faire cette référence à peine cachée à la masturbation. En fait, la première partie du mot *musturbation*, « must », signifie en anglais « on doit, il faut ». Il fut ainsi le premier à décrire ce qu'il a appelé les règles intransigeantes que l'on se fixe soi-même. Il a insisté sur le caractère impératif de ces règles. Des règles qui deviennent toxiques à partir du moment où le sujet n'a plus ou peu de distance avec elles.

➤ *La règle personnelle*

Elle nous guide et nous structure. Elle s'exprime comme une maxime, elle est « banale » et paraît relever d'un certain bon sens. Identifier la règle d'une personne est capital. La règle peut être considérée comme une colle, un ciment qui

1. A. Ellis, *Dominez votre anxiété avant qu'elle ne vous domine*, Montréal, Éditions de l'Homme, 1999.

associe la face positive de la médaille à sa face négative. On discerne la face positive énoncée sous forme de qualité, de vertu ou de valeur. Elle sera toujours présentée avec fierté, car son bien-fondé n'est jamais remis en cause. Dans le perfectionnisme, elle s'exprimera en termes de compétence, de sérieux, de fiabilité, de don du meilleur de soi, de performance, vertus qui ne seront jamais contestées. Qui chercherait à devenir moins compétent, moins sérieux, moins fiable, moins performant ? Une fois que l'on a pris conscience de la face positive de la médaille, il convient de revenir à la règle pour découvrir son aspect négatif.

La règle s'interpose entre soi et la réalité. Elle agit comme un filtre qui opacifie les contingences de cette réalité. Elle apparaît simplificatrice, enfantine, sans nuance. Elle commande une manière d'être, mais elle ne tient pas forcément compte de la réalité du chemin à parcourir.

Si on s'intéresse à sa genèse, il apparaît qu'elle a pu être construite par l'enfant afin qu'il trouve sa place dans cet environnement familial et/ou social ou pour supporter certaines blessures. Par exemple, une personne qui aura entendu un discours très dévalorisant à son encontre dans son enfance pourra se fixer des règles et des comportements perfectionnistes pour s'accorder de la valeur en cherchant à devenir parfait : « Si je suis parfait, je serai alors quelqu'un de valable. » C'est ce que nous appelons dans le jargon des cognitivistes le « schéma cognitif conditionnel » que nous avons déjà évoqué avec le cas de Cynthia. Dans l'exemple du perfectionnisme, les schémas conditionnels s'énonceront par exemple de cette manière :

– « Si je suis parfait, je suis sûr d'avoir de la valeur. »
– « Si je fais à fond, je ne douterai plus de l'approbation des autres, de leur acceptation, ils seront bien obligés de m'accepter. »
– « Si je fais tout parfaitement, je pourrai faire face aux aléas de la vie. »…

On observe ainsi comment la règle peut cacher une peur ou une blessure infantiles et comment elle a été fortifiée par le fait d'être élevée au rang de vertu. Mais son dévoilement ouvre la voie au changement, parce qu'il devient possible de séparer la partie « vertueuse » (la compétence...) de la partie « intime » (le jugement sur soi : avoir de la valeur, être accepté...), et parce qu'on comprend bien que l'association des deux parties comporte trop d'exigences. De plus, faire à la perfection une activité n'augmentera pas forcément notre valeur aux yeux des autres.

N'entreprendre que si on est sûr de réussir ne suscite pas nécessairement l'admiration, cela nous bloquera dans l'action et pourra nous faire passer pour un fainéant, un velléitaire, l'inverse de notre but. Passer des heures à éviter toute imperfection ne fera pas de nous un être performant, au contraire.

Comprendre qui l'on est, analyser finement son fonctionnement cognitif peut déclencher de fortes émotions (larmes, un malaise visible). Lorsque la personne reconnaît qu'elle a pu se croire « imparfaite », porteuse d'une faille, d'une infériorité, l'émotion la submerge. Cette faille ne sera pas remise en cause, parce qu'elle est vue comme partie intégrante de soi. C'est ce que nous appelons le *schéma cognitif inconditionnel*. Il sera énoncé sous la forme de phrases comme : « Je suis sans valeur, je suis inférieur, j'ai un défaut structurel, quelque chose ne va pas en moi... » Le *je* est souvent utilisé.

Il est la plupart du temps relié à un souvenir infantile source de souffrance qui fait irruption dans la conscience au moment où on se sent angoissé par une situation dans le vécu présent.

Certains mots deviennent alors très riches de sens. Il suffit de se souvenir de ces mots ou d'un seul ou d'une petite expression qui fait référence à notre schéma inconditionnel pour que nous éprouvions immédiatement une émotion forte, éventuellement accompagnée de larmes. Cela me rappelle Séverine, une de mes patientes avec qui nous avions longuement travaillé sa conceptualisation cognitive. Elle avait tendance à se considérer comme une débile. À la suite de son travail en psychothérapie, elle est allée voir sa mère qui lui a expliqué qu'à la naissance, Séverine avait un périmètre crânien trop petit, ce qui avait alerté le pédiatre. Ce dernier avait dit à sa mère : « Elle a une petite tête, nous ne pouvons rien dire pour l'instant, mais il faudra faire un bilan dans un an pour voir si elle se développe normalement. » Lorsque Séverine a entendu l'expression « petite tête », prononcée par le pédiatre et rapportée sa mère, elle l'a immédiatement associée à sa croyance sur elle-même, à savoir qu'elle était une débile. Il suffisait ensuite de lui demander de dire « petite tête » ou de le prononcer devant elle pour qu'elle s'écroule en larmes tout en disant : « Et pourtant je sais bien c'est un schéma cognitif, mais il me déclenche toujours autant d'émotions. »

Plus le souvenir infantile est émouvant, plus il recouvre une réalité vécue comme traumatisante. On comprend alors plus aisément que l'enfant construise un schéma conditionnel comme une digue devant le préserver de son schéma inconditionnel. Ainsi, plus la règle découlant de celui-ci sera inflexible et plus la vertu sera mise en avant.

En résumé, si je me crois défaillant, je dois trouver une stratégie de survie : par exemple, le perfectionnisme. Or, plus ma règle personnelle m'incitant à tout vouloir faire bien validera mon perfectionnisme, plus la vertu compétence sera mise en avant. C'est ainsi que le cercle vicieux se construit et peut se lire par le modèle de conceptualisation.

➤ *La fiche modèle de conceptualisation*

Le modèle de la conceptualisation est un outil remarquable qui permet de résumer sous forme d'une fiche modèle notre fonctionnement psychique. La voici appliquée à l'exemple du perfectionnisme.

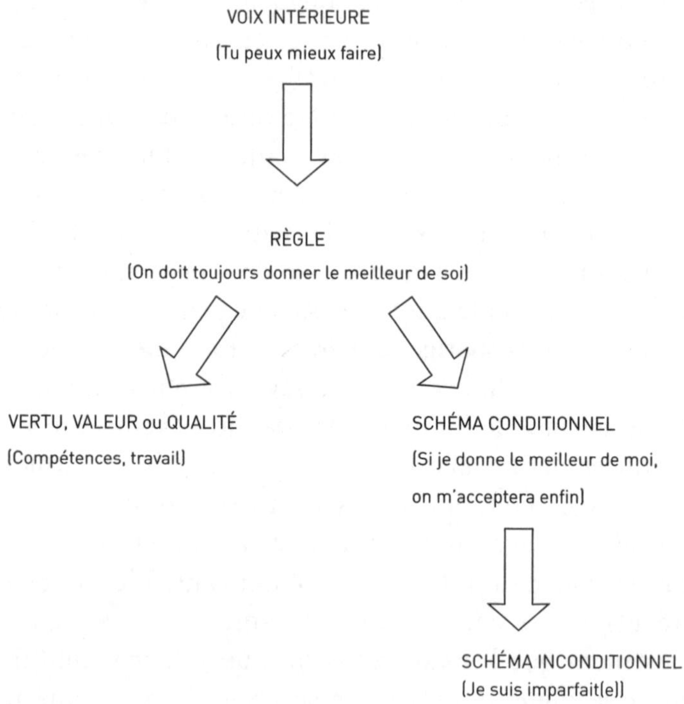

Cette construction peut s'appliquer à d'autres exemples comme l'anxiété, phénomène universel et largement partagé. Qui d'entre nous n'est pas anxieux dans certaines situations ? Mais il y a une différence entre l'anxiété dite pathologique, permanente et très envahissante, et l'anxiété épisodique qui se manifeste par des crises fortes et ponctuelles ; on parle alors de crises de panique qui empêchent le sujet de mener à bien ses activités et qui le conduisent ensuite à éviter un certain nombre de situations.

La fiche de conceptualisation appliquée aux personnes souffrant d'anxiété montre que leur voix intérieure tient plutôt ce type de discours : « Tu n'as pas tout prévu, le ciel peut toujours te tomber sur la tête. Es-tu bien sûr ? Et si et si et si ? As-tu pensé à tout ? »

Cette voix intérieure repose sur les règles de vie suivantes : « On doit penser à tout. Il faut tout envisager. On doit se protéger soi-même et ses proches… »

La face négative de la médaille est représentée par le schéma conditionnel : « Si je pense au pire, j'ai une chance de m'en sortir » ou « Si je prévois tout, il m'arrivera moins d'ennuis » ou « Si je pense aux choses à l'avance, j'ai plus de chances de les contrôler ».

Les schémas inconditionnels de l'anxiété rencontrés sont des schémas de vulnérabilité : « Je suis vulnérable, je vais être balayé(e), je suis en danger. »

➤ *La médaille à deux faces du sujet anxieux*

On peut déduire la face positive de la médaille de la personne qui souffre d'anxiété avec les vertus associées : la prudence, le contrôle, l'anticipation, la prévoyance. Ce sont des personnes fiables sur qui l'on peut compter. Ce comportement qui a tendance à prévoir, à anticiper et à organiser peut être très rassurant jusqu'au moment où il devient étouffant, tant l'esprit de prévoyance domine au détriment de l'imprévu, qui souvent peut offrir de belles opportunités. C'est la face négative de la médaille.

On peut résumer ces éléments dans la fiche modèle que l'on construit en thérapie cognitive avec le patient. On lui demande de la compléter et de la personnaliser au fur et à mesure qu'il vit des moments d'anxiété. Cette fiche est donc une aide à la compréhension qui sert de repère tout au long de la vie. Bien évidemment, elle sera différente pour chacun d'entre nous. Elle sera remplie à partir de situations, d'émotion et de voix intérieures qui lui sont propres, mais le concept reste le même.

Fiche modèle appliquée à l'anxiété :

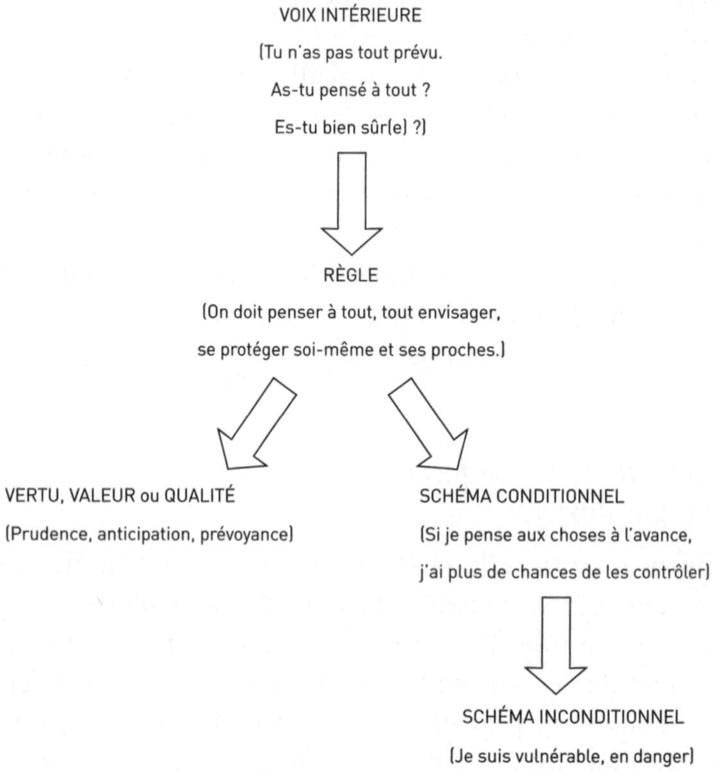

Je le dis souvent aux patients qui souffrent d'anxiété : « Vous vivez plusieurs vies. Les situations que vous êtes amenés à vivre, vous les avez envisagées au moins une bonne dizaine de fois. C'est sympa, vous vivez onze fois la même chose ! » Si l'événement est agréable il n'y a aucune conséquence, mais quand il s'agit d'anticiper un événement désagréable, on le vit donc de très nombreuses fois. L'ennui est que les risques sont surestimés, augmentés et peuvent conduire au scénario catastrophe.

En lisant ces lignes, vous est-il arrivé de voir défiler dans votre tête des personnes de votre entourage ? Je ne doute pas que vous puissiez appliquer ce modèle à d'autres problèmes.

Voyons maintenant, si vous le voulez bien, à l'aide d'exemples issus de ma pratique, comment on peut appliquer la conceptualisation à certaines règles de vie qui gouvernent beaucoup d'entre nous.

CHAPITRE 4

Je me libère de mes règles de vie

Ce sont ces mêmes règles qui nous ont aidés à nous construire qui persistent et nous envahissent. Elles sont nombreuses (voir chapitre 6), personnelles. Certaines d'entre elles sont plus répandues que d'autres : « On doit réussir et se montrer capable » et « On doit faire plaisir aux autres, on doit plaire, on doit être comme les autres », avec les exemples de deux personnes que j'ai eues à aider dans le cadre de ma pratique.

Cette mise au jour de la règle de vie est une première approche qui permet, dans la grande majorité des cas, de mieux se connaître et d'initier un changement significatif. C'est l'écoute de la voix critique intérieure qui permet de prendre conscience des règles de vie sous-jacentes. Cela constitue la première étape du changement. Nous verrons avec Sébastien et Anne comment ce processus a contribué à les libérer de leurs malaises.

Rappelons que la voix critique intérieure est le vecteur des règles ou des exigences personnelles que nous nous fixons. Pour le meilleur certes, mais aussi parfois pour le pire, comme l'illustrent les règles « On doit réussir et se montrer capable » de Sébastien et « On doit faire plaisir à l'autre » d'Anne.

Écouter sa voix critique intérieure et prendre conscience de son effet négatif

« On doit réussir et se montrer capable » est une règle bien répandue. Si, dans notre société, elle concerne les deux sexes, cet objectif de réussite et son corollaire, la nécessité de démontrer ses capacités, sont particulièrement bien ancrés chez les hommes. La raison en est que l'injonction de réussite et de responsabilité leur a été transmise, depuis très longtemps, de génération en génération. Cela a pour conséquence que les hommes peuvent être complètement obsédés et stressés par la question de la réussite et de la responsabilité, et donc ne pas se pardonner la moindre erreur. Ils sont très sensibles à cette « estime de soi professionnelle » tant ils pensent que c'est la base de l'ensemble de leur estime de soi. De ce fait, beaucoup d'hommes sont en effet sensibles à ce qui ressemble de près ou de loin à une évaluation : ne pas se sentir en dessous ou inférieur, paraître au-dessus ou supérieur est un enjeu quotidien. C'est ainsi que, dans le monde professionnel, les relations avec les supérieurs ne sont pas toujours aisées, ces derniers sachant parfois parfaitement se positionner « au-dessus » dans la hiérarchie et, si on est un peu sensible et que l'on doute de soi, on peut vite réagir à la moindre remarque. C'est le cas de Sébastien.

La peur de ne pas être à la hauteur

Sébastien, marié, 35 ans, père de deux enfants en bas âge, travaille dans une start-up d'informatique.

Il rencontre des problèmes relationnels avec ses collègues qui le trouvent trop exigeant. Dans son activité professionnelle, il doute souvent de lui, de ses capacités à être à la hauteur. Il a parfois l'impression que son supérieur ne le trouve pas au niveau. Il croit être sur la sellette, est obsédé par le risque d'être licencié. En cette période d'incertitude économique et de chômage, il ne serait pas sûr de retrouver du travail. Il ne compte plus ses heures, lit parfois ses mails professionnels le week-end à la maison. Le soir, il a des difficultés d'endormissement, repensant à ses journées de travail et aux tâches qu'il n'a pas terminées.

Les évaluations annuelles sont un moment qui le terrorise. Il craint toujours que ses résultats soient jugés insuffisants, en dessous de ce qu'on attend de lui. Il a toujours l'impression d'être moins bien que les autres et se sent souvent menacé, que ce soit dans son travail ou dans son couple. « Avec ma femme, dit-il, ça ne va pas très bien, elle me trouve trop agressif : on s'engueule souvent, on a des conflits, d'ailleurs l'autre jour elle a menacé de partir en disant que si je n'allais pas soigner mon agressivité chez un psy, elle envisageait de se séparer de moi. »

C'est dans cet état d'esprit que je rencontre Sébastien.

Comme c'est le cas avec certains hommes que je reçois en consultation, Sébastien a plutôt tendance à penser que les problèmes viennent de son environnement et non pas de lui. Il explique que ses supérieurs lui en veulent, que ses collègues ne le suivent pas, que sa femme est trop exigeante avec lui.

Il est parfois difficile de se remettre en cause, de reconnaître sa part de responsabilité dans les difficultés que l'on rencontre. Néanmoins, si on accepte de faire une démarche de changement personnel, il nous revient de prendre en charge nos problèmes même si l'environnement dans lequel nous évoluons n'est pas étranger à nos difficultés ou en est en partie responsable.

Afin de préserver l'estime de soi de Sébastien, l'allié – ici le thérapeute – va devoir intervenir avec beaucoup de douceur. Ne nous méprenons pas, les attitudes virulentes et parfois agressives, rejetant la responsabilité sur l'autre ou sur l'extérieur, sont souvent des signes d'une faiblesse que par automatisme culturel les hommes ont encore du mal à reconnaître, même si, bien sûr, toutes ces choses ont beaucoup évolué ces dernières années.

Le fonctionnement vertical des hommes et horizontal des femmes

Selon les travaux de psychosociologie de Deborah Tannen[1], il semblerait que, culturellement et depuis longtemps, les hommes et les femmes ne fonctionnent pas de la même manière dans leurs relations aux autres.

Les hommes ont un fonctionnement plutôt vertical ; ils cherchent à évaluer leur valeur par rapport à celle des autres. Ils se situent soit au-dessus, soit en dessous. Les femmes, elles, sont plutôt dans un fonctionnement horizontal, caractérisé par l'entretien du lien et par l'empathie.

D'après ces travaux, elles sont moins sensibles à la hiérarchie et à l'évaluation de leur valeur comparée à celle des autres, elles ont plutôt tendance à s'évaluer par rapport à elles-mêmes.

1. D. Tannen, *Décidément, tu ne me comprends pas ! Comment surmonter les malentendus entre hommes et femmes*, Paris, Robert Laffont, 1993.

Le travail thérapeutique va consister à amener Sébastien à se poser des questions sur lui, sa manière d'être, à mieux comprendre ses réactions, ses émotions et sa voix critique intérieure, plutôt que de chercher un face-à-face direct qu'il ne supporterait pas.

Même si ces travaux peuvent être discutés, on observe que les différences entre hommes et femmes évoluent avec les avancées culturelles d'une société. Si on s'attache aux propos de Sébastien, on comprend qu'il considère tout à fait importantes les questions d'évaluation : est-il à la hauteur ? Son supérieur est-il mieux que lui ? Ses collègues sont-ils ou font-ils moins bien que lui ? L'enjeu du travail psychologique sera de le libérer de cette anxiété d'évaluation, de l'amener à prendre conscience de sa valeur propre personnelle, et d'avoir une image de lui telle qu'il n'ait plus besoin de se comparer sans arrêt aux autres.

On voit avec Sébastien à quel point les règles de vie sont implicitement dictées par la société : « Tu seras un homme, mon fils » reste le référent inconscient transmis par de nombreux parents à leur fils. Tout ne se résume pas à l'histoire de notre enfance, nous subissons au cours de notre vie des influences culturelles qui viennent parfois de très loin, de plusieurs générations, et qui sont retransmises par la société. Cela montre l'importance et la richesse du sujet des règles de vie et des exigences envers soi-même, qui déborde largement la psychologie individuelle. En enquêtant sur ce que nous sommes, nous explorons notre rapport à l'environnement et comprenons comment nous intériorisons les lois, les règles de vie sociale et les traduisons en comportements.

➤ *Clarifier nos difficultés grâce à la conceptualisation cognitive*

Étape 1 : comprendre ce qui fait souffrir

Pour être plus efficace dans le travail de compréhension, centrons-nous sur un problème que nous rencontrons fréquemment dans notre vie quotidienne.

L'allié : « Sébastien, pourriez-vous m'indiquer un problème précis sur lequel vous souhaiteriez travailler aujourd'hui ? »

Sébastien répond un peu sèchement : « Vous voyez bien qu'il y a plusieurs types de problèmes. Je vous l'ai dit : avec mon supérieur, avec mes collègues, avec ma femme, pourquoi voulez-vous tout réduire à un seul problème ? »

L'allié : « Bon, alors commencez par celui que vous voulez. »

Sébastien : « De toute façon, c'est le travail le plus important et en particulier savoir si on va m'éjecter ou me garder dans l'entreprise. »

L'allié : « *Qu'est-ce qui* vous fait penser qu'on pourrait ne pas vous garder dans l'entreprise ? »

Sébastien : « Je ne suis peut-être pas à la hauteur. »

L'allié : « *Qu'est-ce qui* vous fait penser que vous ne seriez pas à la hauteur ? »

Sébastien : « Je le vois bien, mon chef me méprise. »

Qu'est-ce qui est ici l'expression magique qui va permettre à Sébastien de préciser sa pensée et d'aller ou fond de ses craintes. Cela lui permet d'écouter sa voix critique intérieure qui véhicule toutes ses angoisses.

Étape 2 : écouter sa voix intérieure

Sébastien, en disant « Mon chef me méprise », fait ce que l'on appelle une inférence arbitraire. Il s'agit d'une interprétation personnelle d'une situation fondée par ce que nous croyons de cette situation ; en réalité, on tire des conclusions sans preuve. En langage psy, on parlera de distorsion cognitive. Sébastien est en train de déduire qu'il va être licencié, que son chef le méprise alors qu'il n'en a apporté aucune preuve.

Il est important, dans ce genre de situation, de confronter ses pensées à la réalité, d'évaluer la part réelle du malaise liée à la réalité de la situation et la part liée à la voix critique intérieure. Interrogeons-nous régulièrement sur ce point. Pour faciliter ce travail, j'ai demandé à Sébastien de retranscrire le plus fidèlement possible le déroulement de la prochaine entrevue avec son supérieur, ainsi que le discours de sa voix critique intérieure pendant l'entretien.

Sébastien : « J'entre dans le bureau de mon chef, qui est avec un client. »

Voix intérieure de Sébastien : « J'ai parfois du mal à m'exprimer, surtout que je ne connais pas tout le fonctionnement du système de nos plus gros clients et la manière de faire les choses. En plus, leur jargon n'est pas toujours évident à comprendre, ils ont l'air beaucoup plus forts que moi ; depuis deux ans que je suis là, je devrais connaître aussi bien le système qu'eux. »

Sébastien, s'adressant au chef : « Bonjour, ça va ? »

Le chef : « Ça va, et toi ? »

Sébastien : « Impeccable. »

Le chef : « C'est pour quoi ? »

Voix intérieure de Sébastien : « J'ai le souffle court, j'aurais dû mieux me préparer avant de venir, j'ai du mal à trouver mes mots, mais je n'ai rien compris à ce qu'il veut qu'on fasse. »

Sébastien : « C'est à propos du document ZX BA 5. »

Le chef : « Oui, et alors ? »

Sébastien : « Eh bien, j'ai reçu un mail avec des données intégrées, mais je ne comprends pas très bien ce que je dois faire. »

Voix intérieure : « Relax, détends-toi, j'espère qu'il ne va pas voir ton stress. »

Le chef, en lisant le mail : « Bon ce n'est pas très clair, en effet, mais il suffit que tu prennes en compte les données du document AJK 758 qui se trouve dans le dossier répertoire 32/dossier/projet 26/XX52 ; essaie de les comparer avec le fichier 2842. »

Voix intérieure : « Je suis incapable de retenir tout ça, je n'arriverai pas à retenir tout ça. Il va voir que je ne suis pas capable. »

Sébastien : « Attends, il faut que je prenne des notes. »

Le chef : « Oui, si tu veux, mais dépêche-toi, je suis pressé, j'ai du travail. »

Voix intérieure de Sébastien : « Il est gonflé, son travail, c'est aussi de m'aider dans le mien, sinon à quoi sert d'être chef ? »

Sébastien : « Tu peux répéter ? »

Le chef : « Les données du document AJK 758 qui se trouve dans le dossier répertoire 32/dossier/projet 26/XX52. Essaie de les comparer avec le dossier 2842. »

Voix intérieure de Sébastien : « Oh là là, il va encore plus vite. J'ai de la peine à noter. En plus, il ne m'a pas dit où je peux trouver le dossier 2842. Si je le fais répéter, je vais passer pour un mauvais. Mais je ne sais pas où est le dossier 2842, il faut quand même que je le lui demande. »

Sébastien : « Mais où puis-je trouver le dossier 2842 ? »

Le chef pressé répond : « Dans la base de données des clients, bien sûr. »

Voix critique intérieure de Sébastien : « “Dans la base de données, bien sûr…”, tu vois bien qu'il te méprise, c'est évident, ne le laisse pas faire, il faut que tu lui montres que tu es à la hauteur. »

➤ *D'où vient vraiment notre anxiété ?*

Quelle est la source principale du malaise de Sébastien ? Le discours que lui tient son chef ou sa voix intérieure ? Pour le déterminer, je vous propose de faire un petit exercice.

Il s'agit dans un premier temps de relire la scène en enlevant la voix intérieure de Sébastien, puis au contraire, dans un second temps, de conserver exclusivement le discours de la voix intérieure. Que réalise-t-on ?

La plupart du temps, la voix intérieure est la principale source de nos malaises. En tout cas, elle vient augmenter l'anxiété par rapport à la situation réelle vécue. Il est important d'en prendre conscience. En effet, la plupart de mes patients ne se rendent pas compte que ce qui les angoisse, c'est avant tout le discours intransigeant de leur voix intérieure. Ils se méprennent et pensent que c'est la situation qu'ils sont en train de vivre au travail, en couple ou ailleurs qui est la source de leur problème.

Le dialogue de Sébastien avec son chef sans la voix critique intérieure

Sébastien, s'adressant au chef : « Bonjour, ça va ? »

Le chef : « Ça va, et toi ? »

Sébastien : « Impeccable. »

Le chef : « C'est pour quoi ? »

Sébastien : « C'est à propos du document ZX BA 5. »

Le chef : « Oui, et alors ? »

Sébastien : « Eh bien, j'ai reçu un mail avec des données intégrées, mais je ne comprends pas très bien ce que je dois faire. »

Le chef, en lisant le mail : « Bon ce n'est pas très clair, en effet, mais il suffit que tu prennes en compte les données du document AJK 758 qui se trouve dans le dossier répertoire 32/dossier/projet 26/XX52 ; essaie de les comparer avec le fichier 2842. »

Sébastien : « Attends, il faut que je prenne des notes. »

Le chef : « Oui, si tu veux, mais dépêche-toi, je suis pressé, j'ai du travail. »

Sébastien : « Tu peux répéter ? »

Le chef : « Les données du document AJK 758 qui se trouve dans le dossier répertoire 32/dossier/projet 26/XX52. Essaie de les comparer avec le dossier 2842. »

Sébastien : « Mais où puis-je trouver le dossier 2842 ? »

Le chef pressé répond : « Mais dans la base de données des clients, bien sûr. »

Comme nous pouvons le constater, il s'agit là d'un dialogue avec un supérieur qui n'a rien d'extravagant même si le supérieur a peut-être formulé une phrase un peu maladroitement avec l'expression « bien sûr », comme s'il était évident que Sébastien connaisse cette information.

Le discours isolé de la voix intérieure de Sébastien

Voix intérieure : « J'ai parfois du mal à m'exprimer, surtout que je ne connais pas tout le fonctionnement du système de nos plus gros clients et la manière de faire les choses. En plus, leur jargon n'est pas toujours évident à comprendre, ils ont l'air beaucoup plus forts que moi ; depuis deux ans que je suis là, je devrais connaître aussi bien le système qu'eux. »

« J'ai le souffle court, j'aurais dû mieux me préparer avant de venir, j'ai du mal à trouver mes mots, mais je n'ai rien compris à ce qu'il veut qu'on fasse. »

« Relax, détends-toi, j'espère qu'il ne va pas voir ton stress. »

« Je suis incapable de retenir tout ça, je n'arriverai pas à retenir tout ça. Il va voir que je ne suis pas capable. »

« Il est gonflé, son travail, c'est aussi de m'aider dans le mien, sinon à quoi sert d'être chef ? »

« Oh là là, il va encore plus vite. J'ai de la peine à noter. En plus, il ne m'a pas dit où je peux trouver le dossier 2842. Si je le fais répéter, je vais passer pour un mauvais. Mais je ne sais pas où est le dossier 2842, il faut quand même que je le lui demande. »

« "Dans la base de données, bien sûr..." Tu vois bien qu'il te méprise, c'est évident, ne le laisse pas faire, il faut que tu lui montres que tu es à la hauteur. »

Nous le constatons dans cette comparaison, même si on peut comprendre que le dialogue avec son supérieur soit stressant pour Sébastien, il ne l'est pas à ce point. C'est surtout sa voix intérieure qui crée et entretient son malaise. On voit à quel point la voix intérieure critique transforme sa perception de la conversation qui, en elle-même, ne compromet pas la valeur de Sébastien. La voix critique intérieure est donc responsable d'au moins une partie du malaise, parfois d'ailleurs de l'essentiel.

Comprendre ce phénomène est la première étape d'une approche cognitive qui permet d'entrevoir la manière dont on va diminuer le malaise. En modifiant la voix intérieure, nous agirons sur la perception excessivement négative que nous pouvons avoir de nous-mêmes, de l'autre ou des situations vécues. Nous verrons à la fin du livre (p. 121) toutes les astuces et les stratégies permettant de ne plus laisser le pessimisme extrémiste de notre voix intérieure nous envahir.

Ce dialogue à trois entre Sébastien, son chef et sa voix intérieure permet de mettre au jour le cercle vicieux de Sébastien. Comme on le voit dans le schéma 2, lors de cette petite scène apparemment anodine, Sébastien est déjà dans un cercle vicieux. Ses symptômes s'auto-aggravent les uns après les autres. La situation de rencontre avec son chef déclenche une émotion de stress et d'angoisse qui elle-même enclenche sa voix critique intérieure qui, à son tour, augmente ses angoisses, qui amplifient sa voix critique intérieure, qui renforce ses angoisses. Le cercle vicieux est bien installé. Comment en sortir, comment s'en libérer ?

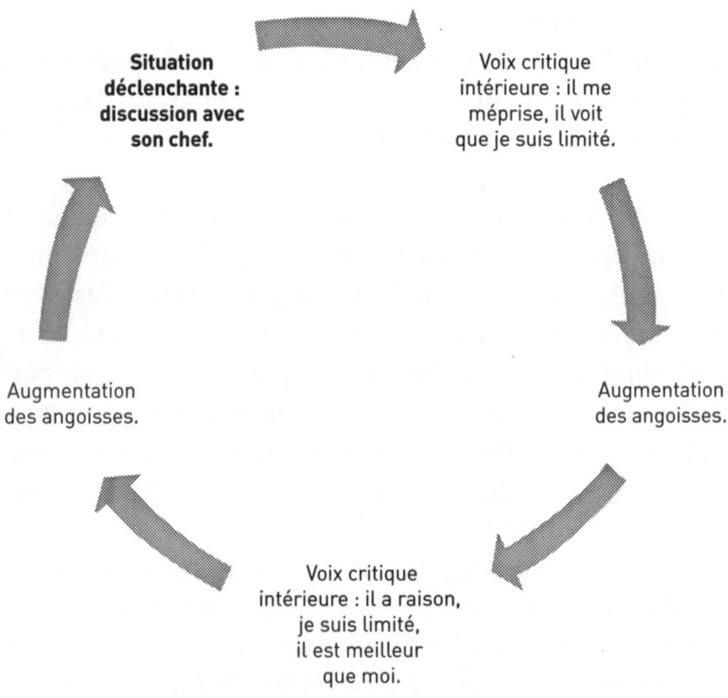

Schéma 2. Le cercle vicieux de Sébastien (l'analyse fonctionnelle)

➤ *L'émotion est une force, utilisez-la*

En fait, l'expression de nos émotions, contrairement à ce qu'on pense, est souvent une force beaucoup plus qu'une faiblesse. Si, par exemple, Sébastien au lieu de répondre à son chef s'affirmait en étant authentique, en se réappropriant sa voix critique intérieure, il pourrait dire : « Excuse-moi, mais je suis en difficulté pour retenir par cœur ce dossier et tout ce que tu viens de dire. Tu sais que je travaille énormément pour l'entreprise en ce moment, je suis surchargé de dossiers. Franchement, quand tu me rappelles la procédure pour ce dossier en me disant : “dans la base de données, bien sûr”, j'ai vraiment l'impression que tu penses que je ne suis pas au niveau sur ce dossier ; est-ce le cas ? »

Cette réponse paraît risquée, on craint généralement de poser ouvertement la question de sa valeur ou de sa compétence à son supérieur, car on prend le risque de se dévoiler. Mais en pratique, lorsque Sébastien a posé cette question à son supérieur, celui-ci lui a répondu : « Non, cela m'aurait effectivement fait gagner du temps que tu connaisses la procédure pour ce dossier. J'ai moi-même aussi beaucoup de travail et cela me gêne quand tu viens souvent me poser des questions. Mais d'un autre côté je vois bien que tu es débordé toi aussi ; on l'est tous. Je préfère que tu viennes me redemander la procédure si tu l'as oubliée plutôt que tu fasses une erreur. Cela m'évitera d'avoir un client mécontent sur le dos. » Sébastien a été surpris, et surtout soulagé, car il pensait comme souvent qu'il devait tout savoir et ne pas avoir à demander une aide, ce qu'il considérait comme une façon de s'abaisser ou d'avouer une faiblesse.

L'écoute de notre voix critique intérieure est le moyen d'aller un peu plus loin dans la mise au jour des règles de vie et des schémas conditionnels. Nous avons vu que la voix critique intérieure excessivement négative de Sébastien expliquait son malaise. Lorsque Sébastien s'intéresse vraiment à ce que dit son chef et non pas à ce que sa voix intérieure lui laisse supposer, il comprend alors que la réalité des propos de son supérieur est bien moins négative que la réalité déformée que lui renvoie sa voix intérieure. C'est à partir du moment où il reprend contact avec le réel et qu'il s'éloigne de ses interprétations personnelles qui le font souffrir qu'il se sent soulagé.

La déformation de la réalité par la voix critique intérieure n'est pas l'apanage de Sébastien. On la retrouve dans toutes les règles de vie quelles qu'elles soient, notamment dans « On doit faire plaisir aux autres ».

Le poids de la règle sur nos vies

L'exemple d'Anne illustre la règle « On doit faire plaisir aux autres ». Qui n'a jamais été confronté à cette impossibilité de répondre non à une demande ou à une proposition alors qu'intimement nous en avions envie ? Mais voilà, nous n'osons pas dire non. Nous pensons que cela ne se fait pas, qu'une réponse négative risque de blesser l'autre et qu'il finira par nous en vouloir…

➤ *Savoir dire non donne de la valeur au oui*

Cette difficulté à dire non est un des grands thèmes de l'affirmation de soi. Savoir dire non est une façon de poser des limites aux autres, de leur dire : « Voilà, je suis là, voilà ce que j'accepte, voilà ce que je refuse. » N'oublions pas que dire non donne de la valeur à nos oui. Si nous répondons tout le temps par oui, ceux-ci n'auront plus de valeur. Alors que si nous modulons nos oui et nos non en fonction de nos désirs, nos interlocuteurs comprendront ce qu'ils peuvent ou non obtenir de nous. Apprendre à dire non permet de préserver son intégrité personnelle.

➤ *La difficulté à dire non peut cacher une règle de vie*

Il est utile, pour se libérer de cette soumission au désir de l'autre, de bien comprendre que la difficulté à dire non repose sur une règle de vie, ancienne, ancrée à l'intérieur de soi, qui interdit de dire non. La voix intérieure susurre : « Mais non, ne dis pas non, il/elle va mal le prendre, tu vas le/la blesser, tu vas être responsable d'un conflit, l'autre doit deviner tes besoins, tu n'as pas à lui demander, dire non c'est se montrer égoïste, pour dire non tu dois avoir de bonnes raisons et te justifier… »

Cette voix intérieure qui nous empêche de dire non repose sur une règle de vie tacite à laquelle nous tenons et qui en substance dit : « On doit faire plaisir aux autres. » On considère souvent que les autres sont plus importants que nous-mêmes (et que nous sommes moins bien qu'eux…).

C'est parce que nous avons bien intégré cette règle de vie qu'elle ressurgit en permanence.

Cela est particulièrement typique dans l'exemple d'Anne.

Anne a réussi sur les plans professionnel et personnel, toutefois elle se sent encore très mal dans sa peau. Elle se voit exploitée par les autres, se dévalorise, se perçoit comme « une bonne poire ». Ces pensées ont été très nettement améliorées par les entretiens de thérapie qui lui ont permis de se libérer de sa règle de vie « On doit faire plaisir aux autres ».

Si vous le voulez bien, reprenons quelques points de la thérapie d'Anne afin qu'elle soit une inspiration dans votre œuvre de changement personnel.

➤ *Anne ou l'assujettissement*

Anne, 45 ans, professeur de langue, consulte pour une anxiété importante et pour un manque de confiance en elle. Sa vie quotidienne en est très perturbée.

Anne a retranscrit par écrit un dialogue avec l'une de ses amies, dialogue qui l'a beaucoup angoissée. Elle a également noté ce que dit sa voix intérieure au cours de la conversation.

Elle précise : « Je suis dans une période de travail très stressante, je n'aspire qu'à me reposer, à rester chez moi. Une amie m'appelle au téléphone, elle a quatre enfants dont un handicapé. Elle est très dynamique, adore voir du monde. Je l'admire et je ne sais pas comment elle arrive à la fois à gérer sa famille, son travail et ses loisirs. Voici la conversation que j'ai eue avec elle. »

L'amie : « Alors, quand est-ce qu'on se voit ? »

Voix intérieure d'Anne : « La question qui tue ! Si elle me dit cela, c'est qu'elle veut que je les invite à la maison. C'est vrai que c'est elle qui nous a invités la dernière fois, mais cela fait à peine deux semaines. Cela peut attendre un peu, je suis crevée et je n'ai pas du tout envie de recevoir toute la famille. Leur aîné est terrible. Il a cassé plein de choses dans la chambre des enfants. En plus, il va falloir que je me casse la tête pour préparer un menu : lui n'aime pas les légumes, elle n'aime pas la viande. Quant aux enfants, ils sont très difficiles. »

L'amie : « Nous, on est libres le week-end prochain. Mais dimanche à midi, cela m'arrangerait mieux pour les enfants. »

Anne : « C'est parfait, pour nous aussi. »

Voix intérieure d'Anne : « Tu es bête ou quoi ! Pourquoi dis-tu le contraire de ce que tu penses ? En plus, elle vient avec les enfants alors que chaque fois qu'elle nous invite, c'est le soir et sans les enfants ! Ne sois pas égoïste, c'est normal, son enfant handicapé doit se coucher tôt, fais-lui plaisir et prends sur toi ! Ce sont tes amis et tu les aimes beaucoup. »

Anne : « À dimanche prochain midi, on vous attend avec plaisir ! »

Voix intérieure d'Anne : « Je me suis encore fait avoir, la prochaine fois, je lui dirai que je ne suis pas libre ! »

Anne exprime-t-elle son vrai désir (se reposer chez elle ce dimanche) ou laisse-t-elle sa voix intérieure décider pour elle ?

Bien sûr, vous l'avez compris, c'est la voix intérieure qui décide, elle n'est que le reflet d'une règle de vie à laquelle Anne tient : « On doit faire plaisir à l'autre. »

Comment prendre conscience que nos comportements sont dictés par nos règles de vie ? En se demandant « pourquoi ». Vous savez, le fameux mot magique ! Écoutons Anne et l'allié.

Anne : « Mais je ne peux pas lui dire non, à cette amie. »

L'allié : « Pourquoi ? »

Anne : « Vous avez raison, au fond, je ne me pose jamais cette question, je dis oui automatiquement sans vraiment savoir pourquoi. » Puis Anne poursuit en se redressant, en sortant de ses gonds : « Et puis zut, j'en ai marre de toujours faire plaisir aux autres, sans me demander si cela me convient. Mais j'ai tellement été éduquée dans ce sens-là, on doit faire plaisir aux autres avant de penser à soi, que je n'arrive pas à faire autrement… »

La simple question « pourquoi » amène Anne à découvrir la règle de vie qui régit son comportement.

Il est ainsi tout à fait intéressant de se demander pourquoi nous n'arrivons pas à réaliser une chose et de s'interroger sur nos croyances en écoutant notre voix critique intérieure. Prenons-en l'habitude !

➤ *La face positive de la médaille : valeurs et vertus*

Comme nous l'avons vu précédemment au chapitre 3, il est important, lorsqu'on est particulièrement soumis à une règle de vie et à la face négative de sa médaille, de chercher la face positive correspondante. C'est par le questionnement à l'aide des « pourquoi, comment, qu'est-ce qui » que vous parviendrez à cerner cette construction.

Anne, après un dialogue avec l'allié, a compris quelles étaient les valeurs importantes pour elle : l'amitié, en particulier. Mais Anne est à un moment clé de sa carrière professionnelle, aussi, ce qui compte au moment où elle rapporte cette conversation avec son amie, ce sont les valeurs travail et famille ; elle a également des enfants dont elle doit s'occuper.

➤ *Les conflits de valeurs*

La demande formulée par son amie conduit Anne à entrevoir le conflit entre ses deux familles de valeurs : la volonté de satisfaire sa valeur amitié en répondant positivement à son amie et sa valeur travail qui nécessite qu'elle lui réponde par la négative.

En réalité, une valeur n'exclut pas l'autre. On peut décider, à un moment donné de sa vie, de laisser de côté certaines valeurs parce qu'on considère qu'elles sont moins importantes ou moins en relation avec ce que l'on vit au moment présent. Cela ne signifie pas qu'elles ne nous intéressent plus. Mais cela explique que lorsqu'on est confronté à une personne qui incarne la valeur délaissée, on ressent un malaise qui a pour origine la lutte entre ces différentes valeurs.

Ce problème de conflit de valeurs peut trahir la plupart de nos difficultés. C'est lorsqu'on est tiraillé entre plusieurs valeurs que l'on se sent mal.

Il est donc important de repérer ces conflits et d'apprendre à tolérer l'ambivalence qu'ils déclenchent. Il est toujours difficile de décider subitement de faire passer certaines valeurs avant d'autres ; on peut avoir le sentiment d'abandonner définitivement celles qu'on fait passer au second plan et ainsi renoncer à une partie de soi.

Nos valeurs sont essentielles à notre construction psychique, c'est sur elles que repose notre sentiment d'être humain, droit, citoyen. Ce sont elles qui forment notre propre crédibilité. Si je suis en accord avec mes valeurs, alors je suis fier de moi.

Ces valeurs sont issues de notre enfance ou ont été construites patiemment le plus souvent sur plusieurs générations. En général, nous avons gardé de ceux qui nous ont élevés les valeurs qui nous ont paru les plus importantes et les plus admirables. Nous adhérons à plusieurs valeurs essentielles auxquelles nous tenons. Mais la vie fait qu'à certains moments nous sommes obligés de faire passer certaines valeurs avant les autres, tout simplement parce qu'on ne peut pas servir tous ses objectifs de vie en même temps. La grande difficulté est de lâcher (même provisoirement) une valeur essentielle, cela nous angoisse terriblement. C'est un peu comme si nous trahissions une part essentielle de nous-mêmes. C'est ce qui explique que, lors des conflits de valeurs, l'angoisse est très forte.

➤ *Mieux comprendre le poids de la règle de vie*

Faisons maintenant la différence entre une personne qui n'aurait pas dit non dans une situation donnée mais qui saurait répondre non à d'autres moments. Dans ce cas, il n'y a pas de problème, car elle n'est pas soumise à la règle « On doit faire plaisir aux autres ». En revanche, si l'on ne sait jamais dire non quelle que soit la situation, même lorsqu'on en a envie ou besoin, c'est que l'on subit très fortement le poids de notre règle et qu'elle envahit tous les domaines de notre vie.

C'est le cas d'Anne, qui non seulement n'a pas su dire non à son amie pour une invitation, mais ne sait pas non plus dire non quand elle est au travail. Cette généralisation de la difficulté comportementale signe en général le poids de la règle.

➤ *La généralisation de la règle : « On doit faire plaisir aux autres et ne pas leur dire non »*

Anne explique qu'elle se met toute seule dans une situation difficile dont elle ne sait pas se sortir. Pour plaire, pour se faire aimer ou tout simplement pour se valoriser, elle propose au cours d'une conversation à une étudiante de lui corriger, le moment venu, une partie de sa thèse. Une année se passe sans qu'elle ne reçoive de ses nouvelles. Et puis, en pleine période de travail intense, alors qu'elle veille déjà tard le soir et le week-end pour boucler son propre travail, l'étudiante lui envoie une centaine de pages de sa thèse à corriger.

Voici le dialogue entre Anne, sa voix intérieure et l'étudiante.

Anne : « Je suis désolée, mais je ne pourrai pas te rendre tout de suite tes pages corrigées car je suis charrette. »

Voix intérieure d'Anne : « Évidemment, ça tombe au moment où je suis le plus chargée. Quand je pense qu'elle n'a pas donné signe de vie de toute l'année, alors que j'avais le temps de la lire tranquillement. En plus, je lui avais dit un petit bout de thèse et elle m'envoie un gros morceau ! »

L'étudiante : « Le problème, c'est que je vois mon directeur de thèse la semaine prochaine. Ça me rassurerait que tu puisses me corriger avant ! »

Anne : « Pas de problème, je fais ça au plus vite. »

Voix intérieure d'Anne : « Et voilà, du travail en plus ! Oui, mais c'est ta faute après tout. Tu n'avais qu'à pas lui proposer ton aide. La prochaine fois, tu te tairas. »

Anne : « Si tu veux, tu reprendras les corrections et tu me les renverras avant ton rendez-vous ? »

Voix intérieure d'Anne : « Et tu en rajoutes en plus, t'es maso ou quoi ? »

L'étudiante : « Après, je pourrai t'envoyer mon introduction car j'ai des doutes sur l'annonce du plan ? »

Anne : « Pas de problème ! »

Voix intérieure d'Anne : « Mais pourquoi elle insiste ? Je viens de lui dire que j'avais beaucoup de travail. Elle ne comprend vraiment rien. Tant pis pour moi : il n'y a plus qu'à se mettre au travail. »

Anne répond plus à sa règle de vie qui lui dicte de faire plaisir à l'étudiante plutôt qu'à son vrai désir qui serait de garder du temps pour elle et de renvoyer l'étudiante à son directeur de thèse, dont c'est la fonction.

La règle de vie d'Anne a beaucoup de poids pour elle. Anne va dans le sens du désir de l'autre pour éviter de le blesser, d'être mal jugée. Elle pense que pour faire plaisir elle ne doit jamais dire non, elle ne s'autorise pas cette solution du refus car elle craint de remettre ainsi en cause sa relation avec l'autre.

➤ *Dire non à une demande n'est pas rejeter la personne*

Dire non ne signifie pas dire non à la personne, et encore moins à la relation que nous entretenons avec elle. Il s'agit de bien centrer le refus sur ce qu'on ne veut pas faire (dans l'exemple d'Anne, corriger la thèse maintenant). Le refus porte sur un acte précis et non sur la personne et encore moins sur la relation. Cela signifie qu'il est possible de refuser certaines choses et d'en accepter d'autres selon les circonstances. L'autre peut comprendre que notre refus concerne un fait précis et qu'en aucun cas nous ne le rejetons ni ne cherchons à interrompre la relation. Souvent les personnes qui ne savent pas dire non ont très peur de blesser, de faire du mal ou même de rompre la relation à cause du refus. En somme, on peut formuler que dire non ce n'est pas refuser l'aide, mais refuser les conditions de l'aide.

Cette peur d'entacher la relation lorsqu'on dit non à quelqu'un est extrêmement importante aussi en thérapie. J'utilise souvent le modèle que j'ai appelé PPR qui nous permet de rester au niveau du problème et de préciser que c'est à la question précise de l'autre qu'on dit non, sans remettre en cause la personne ni même la relation que nous avons avec elle (voir l'encadré ci-dessous).

Le PPR

Le PPR est le raccourci qui permet de très vite rationaliser votre problème. Appliqué à cet exemple, cela donne :

P pour le problème : ici accepter ou refuser que son amie se fasse inviter chez elle le dimanche ou de corriger la thèse de l'étudiante.

P pour la personne : ici penser que son amie ou l'étudiante exagère.

R pour la relation : penser que son amie ou l'étudiante romprait les relations avec elle ou au moins prendrait de la distance si Anne lui répondait non.

➤ *La solution, savoir préserver ses intérêts*

Lorsque la peur du rejet de l'autre est vaincue, il devient possible de faire passer ses intérêts avant ceux des autres. Anne a compris que ses désirs sont au moins aussi importants que ceux de l'autre. Il s'agit là d'une règle alternative qui va lui permettre d'exister sans toutefois remettre en cause sa règle de départ « On doit faire plaisir aux autres ».

Dans ce cas, les deux faces de la médaille redeviennent cohérentes. Anne va pouvoir continuer à être empathique en faisant plaisir aux autres, mais elle pourra aussi, lorsqu'elle le décidera, tenir compte de ses intérêts ou de ce qui est important pour elle.

➤ *L'astuce, gérer les deux faces de notre médaille*

Notre médaille est constituée de deux faces contradictoires qui sont à la source de notre ambivalence. Faire le choix de s'adapter aux circonstances et aux interlocuteurs est un moyen d'apprendre à gérer les deux faces de sa médaille. C'est ainsi qu'en fonction de nos interlocuteurs, selon qu'ils nous respectent ou non, nous allons pouvoir aller plus ou moins dans le sens de notre règle, nous y soumettre ou transiger avec elle, ou au contraire nous protéger et nous éloigner de notre règle. Les vertus de gentillesse et d'altruisme d'Anne seront ainsi préservées.

En effet, il est tout à fait utile, pour l'équilibre psychique, pour sa cohérence intérieure, de préserver ses règles de vie dans ce qu'elles ont de bon pour soi : « On doit faire plaisir aux autres » est une règle altruiste qui permet aux humains de vivre en bonne entente. Il n'est pas question de transformer un être altruiste en un égoïste qui refuserait tout à tout le monde. Il s'agit plutôt de créer une alliance entre les moments où nous choisissons d'être dans l'aide aux autres et les moments où nous avons besoin de nous occuper de nous-mêmes.

Anne est soulagée d'avoir découvert cette possibilité d'allier les deux attitudes. L'idée de pouvoir dire non à certaines demandes et de ne pas toujours avoir à faire plaisir aux autres la libère d'une partie du poids de sa règle. Néanmoins, elle reste angoissée à l'idée de ne plus respecter cette règle de vie, ce qui renvoie à son schéma conditionnel, la face négative de la médaille qu'elle n'a pas encore mise au jour. Il est temps de s'y intéresser.

➤ *Le schéma conditionnel*

Pourquoi se sent-on obligé d'être altruiste, gentil ? Pourquoi ne supporte-t-on pas de dire non à l'autre au risque de paraître égoïste ?

À cette question, Anne répond : « Si je fais plaisir aux autres, je me sentirai une bonne personne, en accord avec ma volonté d'être altruiste et gentille » et le cercle vicieux est bouclé. Notez que le schéma conditionnel commence par *si*.

Comme on le voit dans cette modélisation de la conceptualisation d'Anne sous forme de cercle vicieux, la demande de son amie met en route la voix critique intérieure. Cette dernière lui dit à la fois qu'elle devrait dire non mais qu'il ne faut pas qu'elle le fasse pour respecter sa règle de vie (« On doit faire plaisir aux autres »). Cela crée de l'ambivalence émotionnelle chez Anne, qui est à la fois satisfaite de respecter sa règle de vie mais mal à l'aise d'accepter quelque chose qu'elle ne veut pas accepter, ce qui lui renvoie une mauvaise image d'elle-même (la « bonne poire »). Dans la mesure où

Anne dit toujours oui, de nombreuses personnes autour d'elle n'hésitent pas à formuler des demandes ; c'est ainsi qu'une étudiante lui a demandé de l'aide pour sa thèse, créant à nouveau chez Anne le même trouble. La nasse est en place.

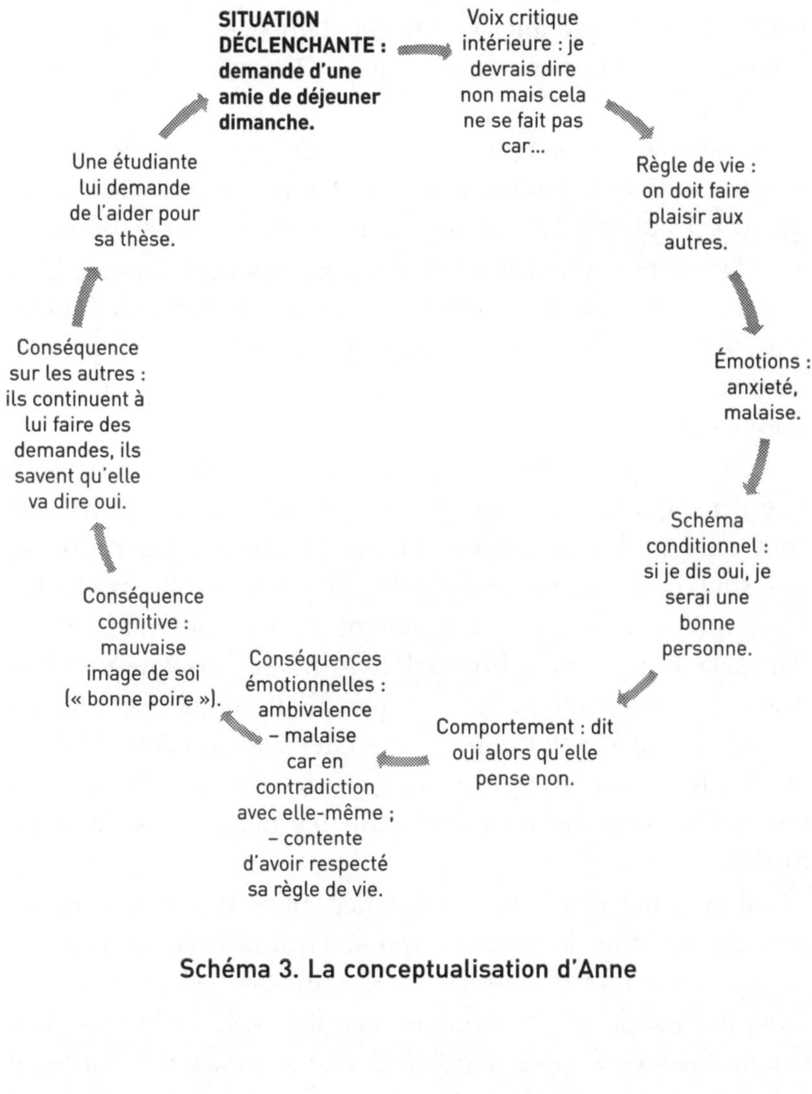

Schéma 3. La conceptualisation d'Anne

➤ *Les relations qui libèrent*

Pour se libérer de son anxiété, il faut devenir capable de jongler avec les deux faces de sa médaille ; en effet il n'est en rien aisé de renoncer à une partie de soi. Le comportement n'est pas le fruit d'une fatalité ou d'un déterminisme, il est toujours possible d'agir pour changer. Il existe donc plusieurs solutions.

Si nous nous exerçons à essayer de percevoir nos désirs et dire non lorsque nous le souhaitons, nous observerons qu'un certain nombre de personnes vont s'éloigner de nous. Elles entretiennent des relations possessives à l'autre. Elles assimilent le refus à un refus de la relation. Par conséquent, blessées par un refus ponctuel qui prend une proportion démesurée, elles ne nous respectent pas et ne respectent pas nos désirs.

Pour accepter cette réalité, la parade consiste à admettre que ceux qui ne supportent pas que nous leur disions non sont en fait des personnes qui ne respectent pas l'autre et qui sont dans un mode de relation possessif. En revanche, ceux qui nous respectent vraiment et avec qui nous avons des relations dites « libératrices » nous permettent d'être nous-mêmes ; ils ne se fâchent pas, ils ne nous rejettent pas quand on leur répond non. C'est en développant cette attitude de liberté de choix et en privilégiant les relations libératrices que nous pourrons concilier enfin les deux côtés de notre médaille.

En résumé, il y a une différence entre la « bonne poire, gentille avec tout le monde » qui se croit obligée de dire oui, ce que l'on pourrait qualifier de « gentillesse dangereuse » ou « pernicieuse », et la « bonne gentillesse », celle que l'on décide soi-même, celle que l'on donne à ceux qui le méritent et nous respectent. Ainsi, on peut à la fois respecter sa règle

(« On doit faire plaisir aux autres ») et respecter ses vertus (la gentillesse, l'altruisme), en restant gentil, empathique, au service des autres (la face positive de notre médaille). On évite ainsi de se soumettre systématiquement à sa règle de vie, de se sentir mal, exploité et abusé par certains.

Pour mieux s'accepter, il est parfois nécessaire de comprendre plus en profondeur son fonctionnement psychique. C'est en recherchant l'origine infantile de nos règles de vie, de nos schémas cognitifs, que nous comprendrons qu'ils reposent sur des croyances que nous avons sur nous-mêmes depuis l'enfance. Ces croyances sont tellement ancrées en nous qu'elles sont devenues des certitudes que nous ne remettons pas en cause, qui ne supportent aucune condition, raison pour laquelle les psychologues cognitivistes les nomment des schémas inconditionnels, à la différence des schémas conditionnels que nous avons vus précédemment qui, eux, s'expriment par une condition, un *si*.

Le chapitre 5 nous fera découvrir ces schémas cognitifs inconditionnels générés dans l'enfance, avec les exemples d'Adriana et de Sébastien.

CHAPITRE 5

Je me libère de mes schémas cognitifs infantiles

À l'origine de la voix critique intérieure : les schémas cognitifs infantiles

Les schémas inconditionnels que je viens d'évoquer à la fin du chapitre précédent se sont le plus souvent construits au cours de l'enfance, comme nous allons le voir maintenant.

L'origine infantile de nos schémas cognitifs conditionnels peut faire l'objet d'un questionnement qui viendra pendant une thérapie après un certain nombre d'étapes franchies : écoute consciente de la voix critique intérieure, mise au jour des règles de vie, puis des schémas cognitifs inconditionnels, prise de conscience de la médaille à deux faces, avec le système des vertus liées aux schémas inconditionnels, qui éclaire l'ambivalence de nos comportements. Ce n'est qu'à la suite de ce travail de mise au jour que les schémas inconditionnels pourront être abordés, avec l'aide d'un thérapeute, car le plus souvent le retour émotionnel peut être pénible et nécessiter un accompagnement.

Nous allons découvrir cette démarche complète avec l'exemple d'Adriana et sa règle de vie « On doit mériter sa place ».

Le syndrome d'imposture, « On doit mériter sa place »

Cette règle, fréquente, se dévoile souvent chez des autodidactes non diplômés. Je me souviens d'un chef d'entreprise qui dirigeait plusieurs dizaines de milliers de personnes et qui, à 70 ans, avait toujours l'impression qu'il devait chaque matin démontrer qu'il méritait son poste, comme si chaque jour il avait besoin de justifier sa place au sein de la société.

En dehors des autodidactes, la règle « On doit mériter sa place » caractérise la plupart des personnes qui n'ont pas une confiance suffisante dans leur valeur et qui trouvent qu'elles ne méritent pas leur emploi. Cette règle est également prégnante chez des personnes immigrées qui n'ont pas fait d'études, comme ce fut le cas d'Adriana.

➤ *Le parcours d'Adriana*

Adriana, 45 ans, est immigrée russe, elle n'a aucun diplôme. Malgré cela, ses talents ont été très vite repérés. Elle a été nommée à un poste important dans une entreprise française. Ses collègues de travail, à poste équivalent, sont beaucoup plus diplômés qu'elle, et Adriana en fait un complexe. Elle pense qu'elle ne mérite pas cette place et doit la justifier en permanence. Elle se considère comme un imposteur. Sa voix intérieure lui dit qu'elle n'est pas à la hauteur et qu'elle ne mérite pas son poste. C'est pourquoi elle travaille énormément en multipliant les heures afin d'être digne du poste qu'on lui a confié. Mais au fil du temps, ce surmenage a conduit Adriana au burn out. Sa voix intérieure lui a conseillé de démissionner et lui répète qu'elle n'est pas à la hauteur. Or jamais aucun supérieur ne lui a demandé de démissionner, bien au contraire on a essayé de la retenir.

➤ *Écouter sa voix intérieure*

Dans cette situation où l'on ne se sent pas digne de ce qui nous a été confié ou de ce que nous avons obtenu, le premier temps du travail thérapeutique consiste à comprendre ce qui se passe. On commence, dans un cas donné, par noter les émotions ainsi que le discours de la voix critique intérieure.

Adriana présente un dialogue avec son directeur et avec sa voix critique intérieure qu'elle nomme sa radio intérieure.

Le directeur ne dit rien, cherche ses notes.

La voix intérieure d'Adriana : « Je devrais dire quelque chose pour meubler le silence, sinon je vais paraître stressée. »

Adriana : « Vous avez passé un bon week-end ? Avec cette grisaille ? »

La voix intérieure d'Adriana : « Quelle banalité ! Mais qu'est-ce que je peux être banale ! Je pourrais tout de même trouver quelque chose de plus original. Ça va être pareil avec mon projet, il va le juger sans aucune originalité, que du classique. »

Le directeur : « Ça a été. Nous sommes allés à la mer avec nos enfants. On a eu du soleil. »

La voix intérieure d'Adriana : « Il me répond par une banalité, car ma question était banale. Et puis, quelle idée de l'interroger sur sa vie de famille ! J'aurais dû trouver un sujet plus neutre. »

Adriana : « Ah bon ? Vous avez eu de la chance, donc ! Ici, tout le week-end était gris et pluvieux. »

La voix intérieure d'Adriana : « Bravo ! Quelle originalité ! De mieux en mieux ! Il est 11 heures, il a déjà dû entendre parler du temps qu'il faisait ce week-end au moins trois fois. Je pourrais me montrer plus originale. Et puis, quelle idée de continuer sur la vie privée, j'aurais dû changer de sujet ! »

Adriana : « Bon, j'ai avancé sur le projet. Je suis curieuse d'avoir votre avis. »

La voix intérieure d'Adriana : « Super ! Changer de sujet ne veut pas forcément dire démarrer sur un sujet professionnel ! Je suis vraiment une bonne élève sans aucune souplesse, droite et ennuyeuse ! Il va me trouver tout à fait *inintéressante.* »

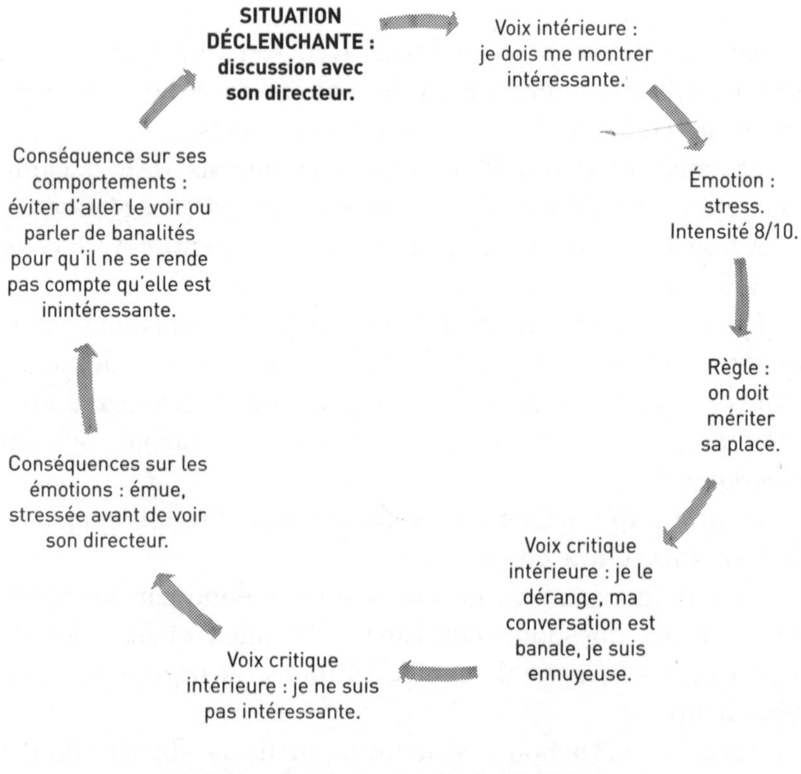

Schéma 4. Le cercle vicieux d'Adriana

Cet extrait du dialogue entre Adriana, son directeur et sa voix intérieure permet de visualiser le cercle vicieux dans lequel est prise Adriana.

Lorsqu'elle voit son directeur (situation déclenchante), sa voix critique intérieure lui dit « Tu dois te montrer intéressante », ce qui entraîne immanquablement une émotion et un stress intenses mis au jour par le respect de sa règle de vie « On doit mériter sa place ». Sa voix critique intérieure ne fait que s'amplifier : « Je dérange, ma conversation est banale, je suis ennuyeuse » et même « Je ne suis pas intéressante ». Cet engrenage a pour conséquence de fortement stresser Adriana avant les rencontres avec son directeur, puis cela la conduit à chercher à les éviter de peur de paraître banale ou inintéressante à ses yeux.

La règle de vie d'Adriana s'est construite progressivement.

1. Son schéma inconditionnel est de penser qu'elle est inintéressante.

2. C'est bien parce qu'elle a peur de paraître inintéressante (schéma inconditionnel) qu'elle s'est fixé un schéma conditionnel, une condition pour ne plus l'être : « Si je me montre intéressante, je mériterai ma place. » Le schéma conditionnel (la face négative de la médaille) est une réponse à la règle « On doit mériter sa place » – la règle étant le ciment entre la face négative et la face positive de la médaille. Une fois ce cercle vicieux mis au jour, il s'agit de comprendre d'où il vient et pourquoi. Adriana est toujours sous l'emprise de son schéma cognitif.

➤ *Le poids des mots, le choc des maux*

Si l'on prête attention à la voix critique intérieure d'Adriana, on remarque qu'elle utilise des mots qui sont des jugements de valeur, par exemple le mot *inintéressante.*

Si l'on veut approfondir la signification de ceux-ci, il convient alors de lui demander de préciser les jugements portés. Cette technique de définition des mots permet d'accéder aux schémas inconditionnels. Ici, quel sens a le mot *inintéressante* ? Il sera différent pour chacun d'entre nous et dépendra de chaque histoire individuelle. Voyons avec la technique de l'allié comment tirer parti de la définition des mots.

L'allié : « Vous me dites souvent que vous êtes une personne *inintéressante* ; ce n'est pas la première fois. Il y eut d'autres exemples, *pourquoi* pensez-vous être *inintéressante* ? »

Pourquoi est encore une fois le mot magique qui aide à approfondir la conceptualisation cognitive et à trouver le sens profond de ce que l'on est en train de vivre.

Adriana : « Je n'ai aucun diplôme face à ce directeur qui, lui, est diplômé. D'ailleurs, tous ses collaborateurs qui travaillent autour de moi sont diplômés, je suis la seule à ne pas l'être. »

L'allié : « Et alors, *qu'est-ce que* cela signifie pour vous de ne pas avoir de diplôme ? »

Adriana : « Je suis un imposteur, je ne suis pas à ma place. »

L'allié : « Et quelles sont les *conséquences* ? »

Adriana : « Je prends la place de quelqu'un d'autre, avec tout le chômage qui existe en France. En plus, moi qui viens de Russie. »

L'allié : « Si je comprends bien vous pensez que vous n'avez pas votre place en France, ni dans cette entreprise en tant que cadre supérieur ? »

Adriana pleure : « Oui, c'est ça, je pense que je suis un imposteur. »

L'allié : « *Qu'est-ce que* vous ressentez lorsque vous dites que vous êtes un imposteur ? »

Adriana : « Je me sens angoissée, mal, coupable de prendre la place de quelqu'un d'autre. »

Pour Adriana, les mots « inintéressante » et « imposture » sont liés. Elle pense qu'elle n'est pas intéressante parce qu'elle a accédé à ce poste par une imposture ; par une imposture, et non pas par l'intérêt ou la valeur qu'elle pourrait incarner auprès des autres.

Adriana est prise dans un cercle vicieux qui la conforte dans sa position d'imposteur.

Le principe de la conceptualisation cognitive est toujours identique : une situation déclenche des émotions et surtout le discours de la voix intérieure qui fait écho à notre croyance sur nous-mêmes, à notre schéma cognitif inconditionnel. Petit à petit, la personne s'éloigne de la situation réelle, la voix critique intérieure s'impose, on lui donne de plus en plus d'importance et le malaise prend le dessus.

Mais d'où vient cette idée d'Adriana qu'elle est un imposteur ? C'est en cherchant son origine dans l'enfance d'Adriana que nous pourrons continuer à comprendre la mise en place du schéma cognitif inconditionnel. Mais auparavant prenons conscience que si nous restons anxieux, ambivalents, c'est aussi parce que nos schémas négatifs sont liés, à travers la règle à nos vertus, nos valeurs qui représentent la face positive de notre médaille.

➤ *La médaille à deux faces*

À ce stade, on peut se demander quelle est la face positive, c'est-à-dire la valeur ou la vertu d'Adriana. Sans reprendre l'intégralité de sa biographie, je vous laisse imaginer sa principale vertu. Immigrée de Russie, elle s'assume entièrement depuis l'âge de 18 ans, a travaillé dès son arrivée en

France et gravi un à un tous les échelons d'une carrière de cadre supérieur, le tout en continuant à assumer financièrement la survie de sa famille restée en Russie.

Sa vertu est le courage, seriez-vous en droit de penser. Effectivement, Adriana est une femme qui réussit grâce à son courage. Si elle parvient à admettre qu'elle n'est pas un imposteur qui prend la place de quelqu'un d'autre, mais qu'elle a pu réussir grâce à son courage, alors elle fonctionnera grâce au versant positif de sa médaille au lieu de fonctionner avec le versant négatif. Doit-elle se voir comme un imposteur ou comme une femme courageuse ?

➤ *L'origine infantile du schéma cognitif inconditionnel*

La technique de questionnement socratique de l'allié permet de révéler l'origine du schéma inconditionnel.

L'allié : « Depuis quand vous dites-vous que vous n'êtes pas intéressante et que vous ne méritez pas votre place ? »

Adriana : « Ma mère n'a pas voulu que j'aille à l'école avant 7 ans. J'avais très envie d'y aller, mais elle me disait que ce n'était pas ma place. Nous étions une famille pauvre et nous n'avions pas accès à la scolarité... »

Souvent, les schémas cognitifs de l'enfance ont des raisons d'être. Étant donné sa pauvreté, là où elle vivait, Adriana n'a pas pu être scolarisée. Dans ce contexte, on comprend qu'elle se soit fixé des règles de réussite exigeantes. Elle devait se faire une place, encore fallait-il la mériter.

Cette construction, qui était tout à fait réaliste et justifiée dans le milieu où a grandi Adriana, ne l'est plus du tout aujourd'hui. Elle a des revenus, des moyens ; elle n'est plus en danger. Ce sont ses croyances infantiles, ses schémas cognitifs qui continuent de s'exprimer par sa voix critique intérieure, au moment où elle s'entretient avec son directeur.

D'ailleurs, Adriana a bien expliqué qu'elle pensait être une petite fille inintéressante puisque sa mère ne l'avait pas envoyée à l'école. Dans sa tête d'enfant, elle avait compris que seuls les enfants intéressants avaient un avenir et allaient à l'école.

Comme on le voit sur le schéma 5 page suivante, le point de départ de la conceptualisation est la règle de vie que nous nous fixons, ici « On doit mériter sa place ». Pour donner satisfaction à sa règle de vie, Adriana se pose des conditions, que l'on appelle le schéma conditionnel : « Si je réussis, alors je mériterai ma place. » Afin de réaliser cette condition, Adriana va faire ce qu'il faut en travaillant dur, elle va s'en sortir en émigrant en France et en décrochant un poste de cadre. Mais lorsqu'elle vit une situation qui met en doute sa réussite par le mérite (l'entretien avec son directeur), elle ressent douloureusement l'émergence de son schéma inconditionnel. Alors le sentiment d'être inintéressante, de ne pas être à la hauteur, s'impose. Compte tenu de son histoire infantile, elle pense qu'elle est un imposteur, ce qui confirme bien qu'elle ne mérite pas sa place. Tout cela entretient un malaise intense et fait qu'elle ne cherchera surtout pas à se mettre en avant. Ce comportement de retrait accréditera l'idée qu'elle a d'elle-même de ne pas être très intéressante, ce qui bien sûr viendra confirmer à nouveau son schéma inconditionnel « Je ne suis pas intéressante », lui-même fondé sur le fait qu'elle a eu une enfance pauvre sans scolarisation et qu'elle ne mérite donc pas sa place. La boucle est bouclée.

Adriana est-elle vraiment inintéressante ou croit-elle qu'elle est inintéressante ?

Schéma 5. La conceptualisation avec réactivation du schéma infantile et autoconfirmation de la règle et du schéma

➤ *Le schéma cognitif n'est qu'une façon de se voir, une croyance, pas la réalité*

Nous vivons tous avec des schémas cognitifs inconditionnels dont nous ne discutons plus ni les fondements ni leur adaptation à la réalité vécue. Qui d'entre nous n'a pas pensé un jour qu'il ou elle n'était pas intéressant(e) ? Cela concerne certainement beaucoup d'entre nous. Avoir un schéma cognitif est une chose normale, nous en avons tous. Mais lorsque ce schéma devient inflexible, intolérant, et qu'il se répète dans la plupart de nos situations de vie, nous pouvons alors finir par lui donner raison et penser par exemple que nous sommes réellement inintéressants.

C'est aussi lorsque cette vision de soi n'a pas évolué depuis l'enfance, qu'elle ne tient pas compte de nos efforts fournis, des réussites avérées, des difficultés rencontrées, bref, de notre parcours de vie, qu'elle transforme alors la réalité de ce que nous sommes vraiment devenus et nous fait douter de nous. Elle devient délétère. Comme si notre passé et l'image que nous en avons gardée nous figeaient définitivement dans un statut inébranlable et insensible à toute évolution (« Tu es un imposteur, un point c'est tout »).

Aussi est-il nécessaire comme antidote, pour sonder la réalité de cette construction, de se poser la question suivante : « *Suis-je* une personne inintéressante ou bien *est-ce que je me vois comme* une personne inintéressante ? »

Prenez conscience que le schéma cognitif n'est qu'une façon de se voir à un instant donné. C'est l'image que vous avez de vous comme un film plastique qui vous collerait à la peau, dont vous ne pourriez vous détacher et que vous allez peut-être devoir porter votre vie durant.

Tout le problème est que nous savons bien au fond de nous que notre schéma reflète en partie la vérité. Lorsque nous nous trouvons inintéressants, nous savons très bien que, parfois, nous le sommes ! Mais la véritable difficulté réside dans le fait que nous adhérons en permanence à cette idée. On ne distingue plus les situations de vie où nous manquons effectivement d'intérêt et où nous devrions nous remettre en cause pour nous améliorer, des situations de vie où nous n'en manquons nullement. La faute doit être imputée à notre voix critique qui nous juge abusivement. La présence permanente de cette « radio critique » nous empêche donc de réussir et de nous épanouir. C'est pourquoi il est extrêmement important, si vous vous reconnaissez dans ce cas, d'apprendre à répondre à votre voix critique intérieure afin de vous en libérer ! Pour cela, je vous propose un catalogue de différentes méthodes que je développerai au chapitre 7 (p. 121).

Vous y trouverez également ce que j'ai proposé à Adriana pour mieux faire face à sa voix critique intérieure (chapitre 7, « Se concentrer sur son interlocuteur », p. 135).

L'origine du schéma : « Je suis un incapable »

À présent, appréhendons un autre exemple de mise au jour du schéma inconditionnel avec Sébastien, dont nous avons fait la connaissance au chapitre précédent et qui a continué son travail de découverte de soi. Vous souvenez-vous de Sébastien, stressé par ses entretiens avec son supérieur ? Son malaise n'ayant pas totalement disparu, aller plus loin en psychothérapie devenait inévitable.

Dans la plupart des cas, la démarche consistant à mettre au jour les règles de vie (la colle qui cimente les deux faces de notre médaille), les valeurs et vertus (face positive de la médaille) et le schéma cognitif conditionnel (face négative de la médaille) suffit à soulager.

Mais en psychothérapie, il arrive que, pour certaines personnes, ce travail, même s'il les a fait progresser, ne soit pas suffisant. Il est alors utile de mettre au jour leur schéma cognitif inconditionnel, cette croyance négative qu'elles ont sur elles-mêmes, qui les perturbe et qu'il faut souvent aller rechercher dans leur passé pour mieux la comprendre.

C'est la prise de conscience de ce passé douloureux qui explique souvent l'intensité des malaises ressentis lors de situations de vie tout à fait banales. La recherche des raisons de ces malaises peut remettre en cause une règle de vie essentielle, un de nos fondements, ce à quoi nous croyons vraiment et qui est fondamental pour nous. C'est pourquoi cette démarche est souvent difficile à mener à terme seul, sans l'aide d'un ou d'une allié(e). Si elle déclenche trop d'angoisse, il faudra consulter un psychothérapeute.

➤ *Comprendre l'origine de notre peur*

Grâce à un questionnement socratique, utilisant les mots et expressions magiques (voir chapitre 3, p. 37), il est possible d'amener la personne à découvrir l'origine de ses peurs.

Il peut être alors utile de s'interroger sur leur signification et sur les mots qu'utilise la voix intérieure. Nous avions vu la technique de définition des mots avec Adriana. Voyons-la maintenant avec Sébastien, qui pensait qu'à la suite de l'entretien avec son chef, celui-ci allait le considérer comme un incapable et qu'il allait se retrouver au chômage.

Dans cette situation, l'essentiel est de comprendre ce que représente le chômage pour Sébastien.

➤ *La signification des mots*

Le chômage n'a pas la même signification pour tous. Certains jugeront cette situation comme une catastrophe menaçant leur vie, d'autres relativiseront le phénomène et le considéreront comme une malchance, un événement de vie fréquent dans la société actuelle, dont ils ne sont pas responsables ; ils ne se sentiront pas remis en cause. Autrement dit, ce qui est important à cerner dans une situation de vie, c'est la signification personnelle qu'elle revêt pour chacun d'entre nous.

Voyons comment l'allié s'y prend avec Sébastien pour mettre au jour la signification profonde que la situation de chômage a pour lui.

L'allié : « *Qu'est-ce qui* se passerait pour vous, *quelle image* auriez-vous de vous, Sébastien, si vous étiez au chômage ? »

Sébastien : « Je me considérerais comme un nul, comme un looser. »

L'allié : « Et alors *que se* passerait-il en vous ou autour de vous ? »

Sébastien : « Ma femme ne supporterait pas d'être avec un looser. Elle me quitterait probablement. Et puis quelle image donnerais-je aux enfants ? Et puis même si ma femme travaille, il faut tout de même les nourrir ! »

L'allié : « Et si vous étiez considéré par vous-même et par les autres comme un looser, *quelle image* auriez-vous de vous-même ? »

Sébastien répond, au bord des larmes : « Je suis *un incapable*, c'est d'ailleurs toujours ce que mon père a sous-entendu, il ne m'a jamais considéré comme un garçon valable. Il préférait mon frère. »

L'allié : « *Est-ce* à votre père de déterminer votre valeur actuellement à l'âge que vous avez ? »

Sébastien : « Non, ce n'est pas à lui. »

Sébastien retrouve peu à peu des couleurs.

L'allié : « *Qu'est-ce qui* vous fait penser que votre père avait raison ? »

Ce dialogue socratique permet donc de mettre au jour le schéma inconditionnel (« Je suis un incapable » pour Sébastien). Soulignons que ce dernier n'est qu'une croyance, la vision que Sébastien s'est forgée et pas la réalité.

C'est cette croyance sur soi qui fait anticiper de manière angoissante les événements de notre vie et qui va alors être réactivée par ces derniers. La croyance entretient ainsi l'angoisse, qui se trouve confirmée par la réalité qui nourrit, à son tour, la croyance. Le cercle vicieux fonctionne parfaitement.

➤ *Le pont émotionnel*

Comme vous le voyez dans le schéma de la conceptualisation de Sébastien, le cercle vicieux est bouclé avec la révélation de son schéma cognitif inconditionnel « Je suis un incapable », qui relie le passé au présent. Dans le mental de Sébastien, son supérieur lui confirme qu'il est un incapable, ce qui le renvoie à ce que son père lui a toujours dit dans le passé. C'est ce que l'on appelle la réactivation du schéma. Le schéma inconditionnel, que nous avons construit depuis

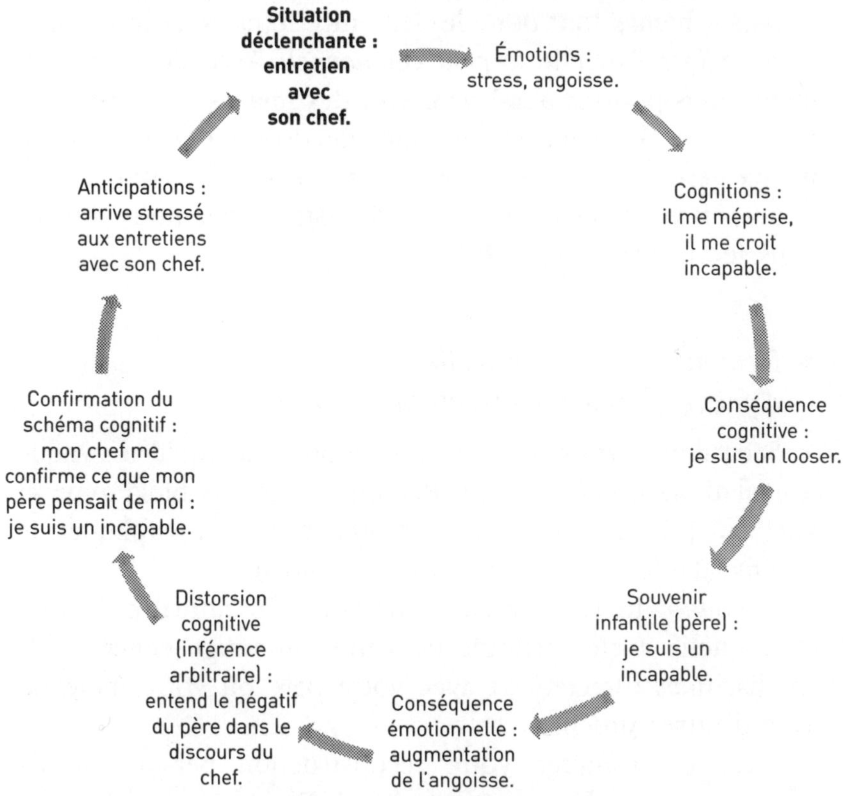

Schéma 6 : La conceptualisation cognitive de Sébastien et la réactivation du schéma inconditionnel

notre enfance et maintenu tout au long de notre vie, fait irruption dans notre présent lorsque la situation déclenche un malaise en nous. C'est une mémoire émotionnelle de notre passé qui revient sous forme de sensations désagréables que nous ne savons pas décrypter sur le moment et qui de ce fait nous paraissent incompréhensibles. Or c'est la similarité entre les émotions du passé et celles du présent qui doit attirer l'attention, même si les situations vécues n'ont rien à voir. Grâce au décryptage permis par la conceptualisation cognitive personnelle, vous prendrez plus rapidement conscience de la reviviscence de vos émotions passées.

Nos schémas font donc le lien entre le passé et le présent, c'est ce que j'appelle *le pont émotionnel*. Avec de l'entraînement, vous pourrez aussi percevoir des images de votre passé ou entendre les voix de ceux qui vous ont entouré et, ainsi, mieux gérer, dans votre vie actuelle, votre voix critique intérieure, en vous aidant au besoin des astuces que nous verrons dans le chapitre 7 (p. 121).

➤ *L'émotion comme sentinelle d'une révélation importante pour soi*

Sébastien a ressenti une vive émotion lorsqu'il a évoqué les relations avec son père. Remonter dans sa biographie et voir ce qui s'est passé à ce moment-là peut expliquer le schéma d'infériorité dont souffre Sébastien.

Si vous vous trouvez dans une situation similaire, recherchez quelle a été l'attitude de votre entourage envers vous en discutant directement avec votre père ou votre mère ou avec d'autres proches.

Vous confronterez votre reconstruction personnelle de votre passé avec la réalité de celui-ci. Dans beaucoup de cas, l'entourage qui vous a connu enfant (parents, oncles, tantes, grands-parents...) vous apportera d'autres informations, souvent plus positives que celles que vous avez conservées en mémoire.

Je suis régulièrement frappé de voir, en psychothérapie, que beaucoup d'enfants ont eu des parents qui les dévalorisaient, en particulier il y a une ou deux générations. À l'époque, l'enfant n'occupait pas la place qu'il a aujourd'hui dans la société. Les enfants n'avaient pas droit à la parole, ils n'avaient qu'à se taire et étaient beaucoup moins considérés par leur famille que les enfants d'aujourd'hui. Aussi, lorsque vous soutenez la comparaison trente ans plus tard, dans votre vie d'adulte, avec vos propres enfants que vous choyez, votre système d'évaluation peut vous faire penser que vous avez été maltraité lorsque vous étiez enfant. Effectivement, c'est souvent le cas. Lorsque vous ferez des recherches sur votre biographie, vous vous rendrez compte qu'il y a aussi parfois une sensibilité personnelle qui fait que l'on retient plus les messages négatifs que les messages positifs.

Un petit garçon ayant besoin de se valoriser auprès de son père va pouvoir être marqué par la moindre réflexion négative de celui-ci et n'entendra peut-être pas toujours les remarques positives. Pour faire ce travail de reconstitution du passé, vous pouvez interroger votre entourage en reprenant vos bulletins de notes, les albums photos, discuter avec votre mère, votre père, votre famille, les amis que vous avez connus lorsque vous étiez enfant.

Cette recherche d'indices biographiques fut extrêmement importante pour Sébastien. Après avoir parlé avec son père et sa mère, il se rendit compte que son père avait à plusieurs reprises manifesté par des actes et des gestes son amour pour son fils. La mère de Sébastien lui a rapporté : « Tu sais, ton père ne s'exprime pas beaucoup par la parole. Il est vrai que j'ai remarqué qu'il te disait très rarement qu'il te trouvait un garçon bien, mais il le pensait, il me le disait souvent à moi, ta mère… Et regarde comme il t'a gâté et comme il t'a aidé pour ta carrière professionnelle. Ce que tu considères comme une désaffection était en fait une difficulté à exprimer son amour. Il ne préférait pas ton frère. Il te sentait fragile. Parfois, il te critiquait, c'est vrai, mais c'était pour te faire réagir, en fait il voulait t'aider. »

Sébastien, en racontant cela, a les larmes aux yeux. « Effectivement, lorsque ma mère m'a parlé, j'ai repensé à des scènes où mon père m'emmenait avec lui à la pêche tout le dimanche matin. C'est vrai qu'on ne se disait rien, mais maintenant je réalise à quel point il était content que je sois à ses côtés et je réalise aussi que m'emmener à la pêche était sa façon à lui de me valoriser, de me respecter. D'ailleurs, on ne pêchait pas avec n'importe qui, il n'emmenait que moi… »

Il ne s'agit pas ici ou dans d'autres cas de nier les traumatismes réels du passé. Il s'agit simplement de comprendre que nous avons opéré une reconstruction personnelle de notre passé qui en a augmenté l'impact négatif.

Mais malheureusement, il est des histoires de violence infantile, tout à fait réelles qui vont poser d'autres problèmes et qui nous amèneront à procéder avec encore plus de précaution.

➤ *En cas de passé traumatique*

Je tiens à préciser ici que certains des patients que j'ai suivis ont vécu des passés traumatiques violents. Ils ont subi pour certains d'entre eux des violences inacceptables de la part de leurs proches. Dans ce cas, le travail de reconstruction du passé avec l'entourage est à faire avec beaucoup de prudence et ne peut faire l'économie de l'aide d'un psychothérapeute.

D'ailleurs, dans ces histoires, j'ai souvent remarqué que les passés ont été amnésiés. Plusieurs de mes patients me disent n'avoir aucun souvenir de leur enfance. Cette absence de souvenir est souvent à respecter, car elle peut signaler une façon de se protéger d'un passé trop douloureux. Pour d'autres, la simple évocation du passé déclenche des attaques de panique avec des larmes incoercibles et des réactions insupportables pour eux. Là encore, il me paraît indispensable de faire ce travail de reconstruction du passé avec l'aide d'un psychothérapeute.

Dans ces deux derniers chapitres, Sébastien, Anne, Adriana nous ont permis de comprendre la méthode de la conceptualisation cognitive. Peut-être ne vous êtes-vous pas totalement reconnu dans ces règles de vie développées à titre d'exemples méthodologiques ?

Comme vous vous en doutez, il existe bien d'autres règles de vie, que nous allons aborder rapidement dans le chapitre suivant.

CHAPITRE 6

À chacun de se libérer

Être aimé, être conforme, intègre, tout contrôler, cacher ses points faibles, se battre pour réussir, aller à l'essentiel… toutes ces formules représentent des règles de vie fréquentes, qui peuvent également orienter ou inhiber nos comportements. Se libérer de ces règles de vie lorsqu'elles deviennent trop envahissantes permet de s'alléger d'une partie de notre anxiété. Premier préalable, il faut les identifier et les comprendre. C'est la démarche que nous avons suivie tout au long de ce livre. Elle débute par l'écoute consciente de la voix intérieure qui permet d'accéder aux règles de vie. Puis de comprendre la fonction des règles de vie, la façon dont elles font à la fois notre bonheur et notre malheur, illustrent ainsi la face positive et la face négative de notre médaille. Le deuxième stade de compréhension porte sur la manière dont ces règles de vie nous ont finalement imposé nos comportements, le plus souvent sans que nous en ayons conscience. Enfin il est important de comprendre, pour s'en libérer, qu'elles se sont forgées dans notre enfance, avec notre famille, avec notre environnement, avec notre culture, celles de nos ascendants… Ces règles de vie, expressions de notre fonctionnement psychique, sont nombreuses, diverses et variées. Nous nous attacherons ici à mettre au jour certaines d'entre elles qui sont particulièrement fréquentes.

Les règles de vie envers les autres ou envers la société

Nous avons vu dans les précédents chapitres des règles de vie qui avaient comme dénominateur commun de s'adresser à soi-même, d'exprimer des exigences élevées : « On doit réussir, mériter sa place, faire plaisir aux autres, ne pas décevoir... » Toutefois les règles peuvent être également adressées aux autres ou à notre environnement.

➤ *Les règles de vie envers les autres*

Il s'agit de règles comme :
- « On devrait me comprendre. »
- « Les autres sont des méchants... »
- « Il faut que les autres m'aiment et m'approuvent lorsque je le désire. »
- « Les autres doivent m'aider à obtenir ce que je veux. »

➤ *Les règles de vie envers l'environnement*

« Cela devrait être autrement, le temps devrait être toujours beau, l'économie devrait nous rendre toujours riche, tout le monde devrait être honnête, juste, il ne devrait pas y avoir de guerre... »

Dans ces règles de vie qui impliquent les autres ou l'environnement, on décèle une attente insatisfaite, un reproche permanent inassouvi, résumé dans cette phrase si couramment entendue ou proférée : « Ce n'est pas ma faute. » On en veut aux autres, à la Terre entière, comme si le bonheur personnel ne dépendait que de l'environnement. Dans cette formule, il y a une contradiction avec l'approche que je vous propose. En effet, la démarche que j'ai exposée est fondée sur la compréhension de soi et la décision en conscience de ce qui est bon pour soi. Cela repose sur l'idée que nous sommes responsables de notre évolution personnelle même si nous ne sommes pas, bien sûr, coupables de tout ce qui nous est arrivé, des ennuis que nous avons vécus et de ce qui ne fonctionne pas chez les autres ou dans notre environnement. Je le dis souvent en consultation, même si je comprends tout à fait que les problèmes sont consécutifs aux faits liés à notre environnement, extérieurs à nous-mêmes : en tant que psy je ne peux changer ni votre entourage (présent ou passé), ni votre enfance, ni le monde dans lequel nous vivons. Ma tâche est de vous donner les outils pour vous aider à mieux vous comprendre, comprendre votre entourage et le monde environnant, dans le but de pouvoir vivre en conscience ce qui est essentiel pour vous et dans le sens de votre vie.

Vous pourrez alors, en toute cohérence, adapter vos comportements, vos actes, choisir vos relations et décider en toute circonstance de ce qui est essentiel pour vous et qui correspond au sens de vos valeurs.

➤ *Locus interne et locus externe*

Les psychologues cognitivistes ont montré que chaque être humain a une façon de penser qui lui est personnelle. Ainsi, la façon dont nous localisons l'origine de nos difficultés est déterminante dans la compréhension de notre fonctionnement psychique. On distingue deux positionnements caractéristiques, nommés lieu de contrôle externe et lieu de contrôle interne.

Certaines personnes ont tendance à endosser la responsabilité totale de ce qui ne va pas ou de leurs erreurs. On dit alors que ces personnes ont un lieu de contrôle interne (à l'intérieur de soi, locus interne), elles jugent que leur problème est localisé à l'intérieur d'elles-mêmes. La face positive de leur médaille est qu'elles ont un sens marqué des responsabilités, elles ne se dérobent pas – la face négative de leur médaille pouvant être un excès de culpabilité. D'ailleurs, la plupart des cas que nous avons présentés jusqu'à maintenant dans ce livre fonctionnent sur ce mode de locus interne.

D'autres, au contraire, ont tendance à situer l'origine de leurs difficultés à l'extérieur d'elles-mêmes, ce sont les autres ou l'environnement qui sont les responsables. On dit alors que le lieu de contrôle est externe (locus externe). Dans ce cas de figure, la face positive de la médaille est que l'on se sent moins coupable, on se remet moins en cause et on souffre donc moins. À l'inverse, la face négative de la médaille est qu'on ne se remet pas assez en cause ; on ne prend pas toujours ses responsabilités, considérant que c'est aux autres de résoudre les problèmes.

Quel que soit le mode de pensée, il n'est jamais facile d'agir sur ces règles de vie. Cependant la première étape pour s'en libérer consiste à admettre que même si les autres peuvent être responsables de nos problèmes, lorsque nous voulons changer, c'est à nous, et à nous seuls, de trouver la solution.

« On doit être conforme »

La règle de vie « On doit être conforme » traduit, chez les personnes chez qui je l'ai rencontrée, une très forte angoisse de ne pas être à sa place dans la société.

Deux exemples brefs l'illustrent. Ils montrent que la même règle, commune à deux personnes, se manifeste de manière très différente et s'explique par des raisons qui leur sont personnelles. Comme toute règle, elle est un repère. Ce qui compte est de comprendre son fonctionnement et de personnaliser les éléments ayant fondé la règle de vie.

➤ *« Je suis différente, je suis à part » : Dorothée*

Dorothée, 40 ans, est cadre dans l'industrie. Elle anime régulièrement des réunions de travail (une dizaine de personnes). La pire honte pour Dorothée est de rougir lorsqu'on la surprend. Elle présente ce que l'on appelle une éreutophobie (forme d'anxiété caractérisée par la peur de rougir) et consulte pour cela tant l'idée qu'on la surprenne en pleine réunion professionnelle lui déclenche des malaises intenses.

Dorothée a patiemment essayé de faire, avec mon aide, sa conceptualisation cognitive, pour comprendre d'où venait ses difficultés. Elle a mis au jour sa voix critique intérieure (« Tu vas encore rougir, ils vont le voir, ils vont se rendre compte que tu n'es pas sûre de toi…, tu n'es pas comme eux, tu es différente…, eux, ils assurent… »), puis elle a identifié sa règle de vie. « On doit être conforme » repose sur un schéma conditionnel que Dorothée s'est construit avec ce raisonnement : « Si je ne me fais pas remarquer (par mon rougissement et ma surprise), je serai acceptée par les autres » ou « Si je suis conforme, comme les autres, alors je serai intégrée dans le groupe ». On comprend bien dans ces conditions que Dorothée fasse tout pour être comme les autres et pour éviter de se faire remarquer, tant elle considère son rougissement comme un problème, une difficulté, une faiblesse.

➤ *La face positive de la médaille de Dorothée*

La découverte de la face positive de sa médaille, ses vertus, ses qualités recouvertes par ses schémas cognitifs conditionnels négatifs a rassuré Dorothée. Auparavant, elle n'entrevoyait pas cette face positive d'elle-même et fut surprise que je m'intéresse à ses qualités et à ses vertus.

Quelles sont-elles ? Vous les auriez sans doute trouvées à travers cette brève description : l'humilité, la discrétion, le respect, l'altruisme, l'empathie. Dorothée est une personne qui est en lien avec les autres, elle s'y intéresse et n'a pas de problème relationnel. Son entourage dit qu'il est agréable de travailler avec elle.

Dorothée a fait une thérapie qui a permis de mettre au jour ses schémas inconditionnels, c'est-à-dire la vision qu'elle a d'elle-même depuis toujours. En substance, elle se considère comme une personne différente, à part et surtout inintéressante depuis qu'elle est petite. Elle se voit ainsi, même actuellement, en pleine réunion au travail, alors que dans l'univers professionnel et social elle est totalement intégrée.

Ce besoin de se sentir intégré dans un groupe pour se sentir intéressant et valable s'appelle l'estime de soi sociale : je me donne de la valeur si j'ai l'impression que les autres m'en donnent en m'acceptant parmi eux. À l'inverse, si je me sens rejeté(e) ou différent(e) des autres, alors je me remets en cause profondément et mon estime de soi s'effondre.

➤ *« Je suis atypique, pas comme les autres » : Catherine*

Si nous nous intéressons maintenant à Catherine, qui a la même règle de vie que Dorothée à savoir « On doit être conforme », nous allons nous rendre compte, grâce à la conceptualisation, qu'elle vit avec la même règle que Dorothée mais pour des raisons très différentes.

Catherine, 47 ans, mariée, deux enfants, est cadre dans une banque. Lors d'une discussion amicale avec une collègue de travail, cette dernière lui fait remarquer qu'elle n'est pas comme les autres.

Dans ce type de situation, Catherine sent l'anxiété et la honte monter en elle ainsi qu'un fort malaise qui commence à l'envahir. Sa voix critique intérieure lui dit : « Elle a remarqué que tu étais atypique, tu vois bien que tu n'es pas normale, tu n'as pas fait les choses comme il fallait. »

La thérapie montrera que la croyance de Catherine sur elle-même, autrement dit son schéma inconditionnel, est « Je suis atypique ». Pour fuir cette atypicité, Catherine adopte une attitude opposée en cherchant à être conforme aux autres. C'est ce que l'on appelle la contre-attaque du schéma cognitif[1]. On lutte contre son schéma en adoptant une attitude opposée : être conforme pour ne pas être atypique. Bien évidemment, il est difficile d'aller contre sa nature. Catherine pensait qu'en se comportant comme les autres, elle serait acceptée et aimée. Ce fut un grand soulagement pour elle lorsque je lui ai expliqué qu'il fallait de tout pour faire un monde et que les personnes les plus atypiques avaient également toute leur place au sein de la société. Lorsque j'attirai son attention sur le fait que plusieurs membres de son entourage, son mari et les quelques personnes qui la côtoyaient au quotidien étaient très attirés par son atypicité et par le fait qu'ils la trouvaient effectivement originale, elle se sentit beaucoup mieux.

La médaille de Catherine était en train de s'inverser vers la face positive qu'elle n'avait jusqu'alors pas perçue, révélant aussi ses vertus et ses qualités : la compétence, le travail, l'efficacité, la rapidité incroyable, et son originalité.

Sans entrer dans les détails de son histoire, Catherine a, au cours d'une thérapie, pu trouver les éléments biographiques expliquant pourquoi elle n'acceptait pas son atypicité. Enfant, elle était gauchère, ce qui était très mal vu à

1. J. E. Young, J. S. Klosko, *Je réinvente ma vie, op. cit.*

la fois par ses parents et surtout par les maîtres d'école. On lui attachait la main gauche dans le dos pour la forcer à écrire avec la main droite. Très vite, elle se considéra comme différente des autres petites élèves. Puis, plus tard, lorsque son haut potentiel s'est exprimé par des différences comportementales, cela n'a fait qu'aggraver sa perception négative d'être atypique.

« On doit toujours m'aimer, m'apprécier »

« J'ai besoin qu'on m'aime » est une des phrases les plus fréquemment entendues en consultation. D'ailleurs qui d'entre nous ne ressent pas le besoin d'être aimé ou apprécié ? Nous voulons tous être reconnus, appréciés, aimés, mais le problème survient dès lors que, pour certaines personnes, ce besoin d'amour, que j'ai appelé dans un de mes livres précédents[1] le besoin d'approbation par les autres, devient une obsession. Les personnes soumises à cette règle de vie sont continuellement en quête d'approbation, d'amour des autres et terrorisées à l'idée d'être désapprouvées, mal aimées ou simplement critiquées.

C'est le cas de Léa, 24 ans, stagiaire en entreprise. Elle réagit très mal à une critique de son maître de stage, s'angoisse alors que sa voix intérieure se manifeste abondamment. Cela se produit d'ailleurs fréquemment chez Léa qui, à cause de ce problème, a déjà rencontré quelques difficultés dans son travail.

1. F. Fanget, *Oser. Thérapie de la confiance en soi*, Paris, Odile Jacob, 2003.

➤ *La voix intérieure de Léa*

Léa a commencé, sur mes conseils, à prendre le temps d'écouter avec attention sa voix critique intérieure : « Il a raison, tu as mal fait ton travail, tu n'assures pas, il va se rendre compte que tu as fait une erreur, il ne va pas te valider ton stage. Cela va être la catastrophe, il doit penser que tu ne vaux rien, que tu n'es pas bonne au travail, méfie-toi, il ne faut pas que tu dises que tu ne sais pas. »

Léa comprend à travers sa voix intérieure son schéma conditionnel : « Si je cache mes manques, si je ne dis pas que je ne sais pas, alors je serai reconnue pour mes compétences. » Le problème est que cette solution, ce schéma cognitif conditionnel, qui a bien fonctionné pendant toute la première partie de sa vie, échoue lorsqu'elle se trouve face à des responsabilités importantes. Elle ne parvient pas à tout gérer, ce qui l'angoisse terriblement. Mais il faut accepter de ne pas tout savoir et d'avoir recours à des ressources dans l'entreprise, il n'est donc plus possible pour Léa de masquer ce qu'elle ne sait pas. Constatant l'échec de son schéma conditionnel (« Si je cache mes manques, je serai reconnue »), ne réussissant plus à masquer ses manques, elle doute, s'inquiète, et perd confiance en elle.

➤ *L'enfance de Léa*

La thérapie permettra à Léa de repérer dans sa biographie les éléments qui ont favorisé ce mode de fonctionnement. Au départ, elle pensait que le problème venait de ses parents. Puis, en discutant avec son entourage, elle s'est rendu compte qu'elle avait très mal vécu la période de l'école primaire. L'institutrice l'avait prise en défaut devant toute la classe : Léa a vécu un moment de honte qui l'a profondément marquée et qu'elle raconte encore aujourd'hui avec beaucoup d'émotion. L'institutrice avait inscrit une mauvaise annotation sur son carnet scolaire, en lui demandant de le faire signer par ses parents. Léa n'avait pas osé leur montrer le carnet. Elle avait imité leurs signatures et s'était sentie très mal à l'idée de tromper à la fois la confiance de ses parents et sa maîtresse. Malheureusement, pourrait-on dire pour le futur de Léa, la maîtresse n'a pas remarqué que la signature était fausse. Léa comprit alors qu'elle avait tout intérêt à masquer ses erreurs, à ne pas dire qu'elle ne savait pas. Comme cela lui avait réussi dans ses premières tentatives d'enfant, elle en a conservé l'habitude. Mais, quinze ans plus tard, lorsqu'elle intègre le monde du travail, cette attitude devient un problème. Son supérieur le lui a fait remarquer : « Tu sais, Léa, lorsque tu ne sais pas quelque chose, je préfère que tu me le dises. Tu n'as pas à avoir honte de ne pas tout savoir. Je peux t'aider à trouver l'information lorsqu'elle te manque. »

➤ *La face positive de la médaille de Léa*

Léa n'avait pas pris conscience de la face positive de sa médaille. Pour ne pas se trouver en défaut, elle avait choisi d'essayer de connaître le plus de choses possible et a beaucoup travaillé ; elle a développé des vertus de sérieux, de rigueur, de fiabilité.

D'ailleurs, ses collègues apprécient ses qualités, savent qu'ils peuvent compter sur elle, ils le lui font remarquer et lui pardonnent ses petites erreurs, beaucoup mieux qu'elle-même.

Le fait de percevoir la face positive de sa médaille a soulagé Léa. « Oui, c'est vrai, je suis considérée comme très sérieuse, fiable et je fais extrêmement bien mon travail. J'ai déjà fait beaucoup d'heures supplémentaires, alors si je ne sais pas quelque chose ou bien si je fais une petite erreur, que je ne vais pas au bout de tous les objectifs que je me suis fixés, ce n'est peut-être au fond pas si grave », dit-elle en souriant. Léa a conservé son côté perfectionniste et sérieux qui fait sa qualité, tout en relativisant et en acceptant le risque d'éventuelles erreurs sans s'en rendre malade.

« Il faut être intègre »

Il est des personnes pour qui l'intégrité est une chose essentielle avec laquelle on ne peut pas transiger. Elles vérifient en permanence qu'elles sont toujours dans les bonnes règles, dans ce qui se fait, elles ne tolèrent pas que ni elles-mêmes ni les autres en sortent. La moindre incartade est inacceptable, ce qui les amène à se dévaloriser. On a l'impression lorsqu'on les écoute avec attention qu'elles semblent réparer par leur intégrité une faute qu'elles porteraient. Mais leur intégrité intransigeante peut au final les gêner dans leur adaptation au monde et leurs relations aux autres. C'est le cas de Yasmine, 51 ans, qui travaille dans l'industrie. Elle est tout à fait déstabilisée par le laxisme de ses collègues. Ces derniers ne se gênent pas pour livrer les clients sans respecter les procédures internes, ce qui permet de raccourcir les délais de livraison. Yasmine, elle, respecte les procédures, de fait ses clients téléphonent à son supérieur en se plaignant d'être livrés trop tardivement. Le supérieur vient en faire le reproche à Yasmine. Lorsqu'elle lui fait remarquer qu'elle respecte les procédures, alors que ses collègues ne le font pas, son supérieur lui répond : « Tu dois t'adapter. »

➤ *La voix critique intérieure de Yasmine*

La voix critique intérieure se fait entendre : « J'emmerde tout le monde, je ne fais pas comme les autres. » Yasmine a comme schéma conditionnel : « Si je veux être acceptée, je dois m'adapter et faire comme les autres. » Mais cette règle entraîne un conflit de valeurs chez Yasmine puisqu'elle a un sens de l'intégrité extrêmement développé. Ce sens de l'intégrité est d'ailleurs sa valeur essentielle. Tout le monde autour d'elle l'apprécie pour cette qualité.

Mais agir de façon intègre en toute situation lui pose problème et l'empêche de faire de temps en temps une exception sur la procédure de commande, lorsqu'un client est extrêmement pressé, ou dans toute autre situation d'urgence. Le fonctionnement rigide de Yasmine la rend peu adaptable, ce qui la place souvent en porte-à-faux avec ses collègues, son supérieur et ses clients. Elle se sent alors isolée, ce qui renforce son schéma cognitif inconditionnel : « Je suis à part, différente, exclue. »

Elle est très mal à l'aise dans ces situations qui se répètent sans cesse, angoissée par ce qui devient une contradiction : « Soit je respecte ma valeur d'intégrité mais je me retrouve en désaccord avec ceux qui travaillent avec moi. Soit je fais mon travail comme on me le demande, pour satisfaire à la fois mon supérieur, mon client et fonctionner comme mes collègues, mais dans ce cas je suis en conflit avec moi-même, avec ma valeur d'intégrité. »

➤ *Le conflit de valeurs*

Le conflit de valeurs a pour conséquence que l'on n'est jamais content de soi quoi qu'on fasse.

C'est le travail de conceptualisation cognitive qui va aider Yasmine à sortir de ce dilemme.

Je ne reviendrai pas sur sa voix intérieure et ses vertus qui viennent d'être décrites ni sur son schéma conditionnel. Yasmine réalise que c'est son sens de l'intégrité extrême qui lui pose problème.

L'allié, en utilisant le dialogue socratique avec les mots magiques (pourquoi ?, comment ?, qu'est-ce que ?, qu'est-ce qui ?), cherche à identifier la raison de ce sens de l'intégrité si développé. Yasmine est très intègre, car elle craint par-dessus tout d'être considérée comme une traîtresse. Son histoire éclaire son fonctionnement : elle est fille de harkis, son père a été considéré comme un traître par sa patrie lorsqu'il s'est retrouvé à combattre aux côtés des Français. Yasmine est imprégnée de ce sentiment de trahison dont elle a hérité et dont elle pense être encore porteuse à 51 ans.

Par ailleurs, elle se sent coupable de voir son père, qu'elle adore, comme un traître.

C'est en prenant conscience de la face positive de sa médaille, le respect que son sens de l'intégrité déclenche chez ses proches en particulier, que Yasmine va progresser. Ses amis lui disent sur un ton admiratif : « Toi au moins tu es une personne sur qui on peut compter, on peut être sûr de toi, tu ne nous trahiras jamais. » Elle a ainsi pu faire son travail avec un peu plus de souplesse, quitte à être un petit peu moins intègre, en acceptant de livrer un client qui avait besoin de matériel en urgence sans pour une fois respecter la procédure à la lettre.

Mais il aura fallu à Yasmine tout ce travail de conceptualisation cognitive pour comprendre que l'intégrité est certes une vertu, une valeur essentielle, mais que l'intransigeance qui consiste à vouloir la respecter en toute circonstance, quel que soit le contexte, est sans doute excessive. On peut avoir raison sur le fond mais ne pas être adapté à son environnement. Or, ce qui compte pour être bien avec soi et avec les autres, c'est aussi de savoir s'adapter aux circonstances, de savoir agir en fonction de son environnement. N'oublions pas que nous ne sommes pas seuls au monde et que nos règles personnelles, même si elles sont très justifiées par notre histoire, peuvent, si elles ne tiennent pas assez compte des autres, nous éloigner d'eux. La capacité à s'adapter, en opposition à la rectitude de la règle personnelle, nous permet de pouvoir l'appliquer en préservant son sens profond. Mieux vaut une règle de vie adaptée à l'environnement qui nous permet de vivre en son sein qu'une règle trop rigide (même si elle est justifiée) qui nous isole.

Yasmine a compris qu'elle pouvait s'autoriser plus de souplesse dans son fonctionnement : être intègre pour les choses importantes de la vie et assouplir sa vertu pour les petits détails.

Ce cas m'incite à souligner l'idée suivante : plus on s'arcboute sur un principe, une vertu, que l'on présente comme essentiel(le) pour soi (comme Yasmine avec le sens de l'intégrité), plus cela montre que cette vertu repose en réalité sur un schéma conditionnel négatif très puissant. Plus la vertu est mise en avant, tel un bouclier ou une protection, plus la personne doute d'elle-même et de pouvoir satisfaire la valeur qu'elle s'est donnée comme repère.

On doit aller à l'essentiel

Olivier, 32 ans, recherche désespérément une femme avec qui faire sa vie. « C'est toujours la même histoire, dès qu'elles me connaissent et m'ont vu quatre ou cinq fois, elles me quittent en me disant que je n'ai rien d'intéressant à dire… »

Effectivement, face à Olivier, on est surpris de voir un homme qui n'exprime aucune émotion. Il a un visage figé, une voix monotone qui répond sur un ton monocorde aux questions qui lui sont posées par quelques mots. À aucun moment Olivier n'exprime ce qu'il ressent ou ce qu'il pense. Il décrit les faits de manière froide et factuelle. On peut donc bien imaginer dans ces conditions que les personnes qu'il rencontre le trouvent un peu froid et s'en éloignent. Mais pourquoi Olivier fonctionne-t-il ainsi ? Là aussi, c'est le travail de conceptualisation cognitive qui va l'aider à mieux se comprendre.

La règle d'Olivier est « On doit aller à l'essentiel ». Ainsi, il s'exprime très brièvement, de manière certes efficace mais sans âme ni chaleur.

Son schéma conditionnel est « Si je vais à l'essentiel, je garderai l'intérêt de ceux qui m'écoutent ». Malheureusement pour lui, les personnes qui l'écoutent, en particulier les femmes, ne s'intéressent pas à lui, d'où sa surprise et son malaise de voir que sa méthode ne réussit pas.

Si Olivier regarde la face positive de sa médaille, avec ses vertus, ses qualités, il trouvera l'efficacité et la compétence. Au cours de sa thérapie, nous avons compris que sa volonté d'aller à l'essentiel pour maintenir l'intérêt d'autrui reposait sur l'idée que, depuis son enfance, il n'était pas une personne attirante. Il pensait d'ailleurs que s'il n'était pas attirant naturellement il fallait faire quelque chose pour le devenir. Sa solution, personnelle, a été de choisir d'aller à l'essentiel.

J'ai envie de vous dire comment, en thérapie, nous avons réussi à faire comprendre à Olivier que sa croyance « Si je vais à l'essentiel, je serai attirant » n'était pas adaptée. La plupart des femmes qui l'ont rencontré trouvaient qu'il s'exprimait trop peu, trop brièvement, sans donner assez de détails, sans qu'elles sachent ce qu'il pensait vraiment ou ce qu'il ressentait. J'ai proposé un exercice comportemental très simple. J'ai demandé à Olivier de me raconter pendant deux minutes un événement récent. Il a rapporté qu'il venait d'être élu représentant des salariés dans son entreprise. Je lui ai dit de le formuler avec son ton habituel ; il l'a fait de manière monocorde, sans expression.

Puis j'ai redemandé à Olivier de raconter exactement la même histoire, les mêmes faits, c'est-à-dire cette élection en tant que représentant des salariés, mais en décrivant ses émotions, ce qu'il avait ressenti lorsqu'il avait appris le résultat, ce qu'il en attendait, ce que sa voix intérieure lui disait. Il a alors raconté l'histoire de manière chaleureuse, émouvante, en exprimant ses émotions et en prenant position. On a vu dans le groupe (puisque c'était en thérapie de groupe) son visage changer. Il était souriant, il s'est redressé sur sa chaise, le volume de sa voix était plus fort, plus affirmé. L'ensemble du groupe a été impressionné par ce changement qui, je dois le dire, m'a également marqué. Tous les membres du groupe, en particulier les femmes, ont manifesté à Olivier leur intérêt pour la seconde version du récit, ce qui lui a permis de contredire son schéma « Si je vais à l'essentiel, je serai intéressant » et de le remplacer par un schéma alternatif : « Je peux être plus intéressant en exprimant ce que je ressens, mes émotions, et ce que je pense, mes opinions. »

D'autres règles de vie courante

Comme nous le voyons bien ici ainsi que dans les cas précédents, une bonne écoute de sa voix critique intérieure, une meilleure compréhension de soi grâce à la conceptualisation cognitive va nous permettre d'atteindre l'objectif final : se libérer. Se libérer des contraintes de règles devenues excessives, trop impératives, inhibantes, comme :

– On doit tout contrôler, tout maîtriser.
– Il faut se battre pour réussir car la vie est injuste.
– On ne doit jamais se retrouver seul(e), abandonné(e).

– Il faut savoir décider.
– On doit savoir réagir et être compétent en toute circonstance.
– On peut obtenir tout ce qu'on désire (tout m'est dû).
– On devrait n'avoir que des journées passionnantes.
– Il faut réagir sur le moment.
– On dépend des autres pour tout ce qu'on fait.
– On doit cacher qu'on n'est pas normal(e).
– Tout le monde devrait me comprendre.

Nous le voyons, nous vivons tous plus ou moins en fonction de règles de vie. Elles sont nombreuses à encadrer nos existences. Il s'agit ici pour moi de vous donner des points de repère et non pas de vous figer dans un modèle. À la lecture de ces règles, vous en avez sans doute reconnu un certain nombre par lesquelles vous pouvez vous sentir plus ou moins concerné, et probablement d'autre part celles par lesquelles vous ne vous sentez pas du tout concerné. Il ne s'agit pas de trouver une seule règle qui résumerait à elle seule tout ce que vous êtes mais celles dont vous vous sentez le plus proche.

Les exemples cliniques que j'ai fournis dans ce livre sont essentiellement présentés pour illustrer la façon dont nos comportements sont imprégnés du respect de ces règles. Cela ne veut pas dire que chaque personne, à l'image de Cynthia, Sébastien, Adriana ou Anne, se résume à sa règle. Mais il s'agit de mettre au jour un fonctionnement prédominant qui permet de mieux se comprendre.

Aussi, je vous conseille d'essayer d'identifier les règles qui s'approchent le plus de vous et d'essayer d'élaborer une conceptualisation personnalisée, en vous appuyant sur la démarche présentée tout au long de ce livre et dont les grands axes sont :

– Quels sont les contenus les plus fréquents de votre voix intérieure ?
– Comment pourriez-vous formuler vos règles de vie de manière la plus fidèle possible ?

N'hésitez pas à utiliser vos propres mots, cherchez des synonymes afin de trouver les mots qui vous correspondent le mieux.

Quels sont vos schémas conditionnels ? N'oubliez pas de les formuler en *si* : « Si je fais ça, j'obtiendrai ça. » Ces schémas conditionnels représentent la face négative de votre médaille.

– Réalisez que votre médaille, même si elle vous apparaît très négative, a aussi une face positive très importante pour vous, qui représente vos vertus, vos valeurs et vos qualités. C'est ce que votre entourage apprécie en vous. C'est sur ce potentiel que vous vous appuierez pour vous libérer et changer. N'oubliez pas de reconnaître cette face positive de votre médaille, c'est ce qui vous permettra de mieux accepter votre ambivalence et votre anxiété.

Le modèle de conceptualisation présenté dans ce livre peut devenir pour vous un outil pratique, utile, qui vous aidera à mieux vous comprendre.

Pour amorcer ce changement libérateur, nous allons voir comment dans le chapitre 7 se libérer de sa voix critique intérieure.

CHAPITRE 7

Les astuces pour mieux gérer sa voix critique intérieure

Choisir plutôt que subir

Nous l'avons maintenant bien compris, la voix critique intérieure, à travers les règles de vie qu'elle véhicule, peut considérablement nous gêner. Apprendre à la gérer, savoir lui répondre ou dialoguer avec elle sont les principaux moyens à mettre en œuvre pour s'en libérer.

Pour ce faire, je vous propose dans ce chapitre des façons de faire, des astuces. Je les utilise depuis maintenant plus de vingt ans en thérapie et les ai formalisées dans deux livres[1]. Ces façons de faire peuvent être réparties en deux catégories. Il y a d'abord celles qui relèvent de la méthode d'affirmation de soi et qui permettent de s'affirmer face à sa voix critique intérieure. Ensuite, il y a les moyens qui s'appuient sur ce

1. F. Fanget, *Affirmez-vous ! Pour mieux vivre avec les autres*, Odile Jacob, nouvelle édition 2011, destinée au grand public. F. Fanget et B. Rouchouse, *L'Affirmation de soi. Une méthode de thérapie*, Odile Jacob, 2007, un livre pour les professionnels ou pour ceux qui s'intéressent aux soins psychologiques.

qui se pratique en thérapie cognitive et dont l'objectif est, cette fois, de modifier son point de vue par rapport au discours de sa voix intérieure.

➤ *Qui se cache derrière ma voix critique intérieure ?*

Cette question préalable se pose : qui parle par cette voix intérieure ? C'est tantôt celle du père (Sébastien, p. 66) qui semble douter des compétences de son fils, tantôt celle de la mère qui semble penser que la famille ne peut pas avoir accès aux emplois de cadre supérieur (Adriana, p. 86), tantôt celle d'une maîtresse d'école qui nous réprimandait devant les autres élèves, nous marquant du fer d'une honte indélébile (Léa, p. 110).

Selon la situation vécue, la voix intérieure ne produira pas toujours le même type de discours.

J'utiliserai pour cela une métaphore. Imaginez un bus à l'intérieur duquel les passagers représentent toutes les personnes que nous avons rencontrées au cours de notre vie. Il s'agit d'un bus particulier dans la mesure où les portes peuvent s'ouvrir uniquement pour monter dans le bus, mais personne ne peut en ressortir. C'est un peu ce qui se passe dans notre vie : nous avons rencontré ceux qui nous ont éduqués, nos parents, nos frères, nos sœurs, nos maîtres et maîtresses d'école, puis des petites copines, des amis, des collègues de travail… Toutes ces personnes font partie de notre vie, elles nous ont laissé la mémoire de la relation que nous avons eue avec elles, y compris celles qui ne sont plus présentes. Elles le sont encore dans notre mémoire et peuvent s'exprimer à travers notre voix intérieure. Nous nous souvenons que telle amie avait été contre notre mariage, avait essayé de nous en dissuader – « Ce mec n'est pas pour toi », avait-elle dit. Plus tard, cette phrase revient en mémoire ainsi que celle de notre père qui nous avait dit : « Prends ton temps, réfléchis bien… »

Nous sommes assis sur le siège du conducteur et devons conduire notre propre bus avec tous nos passagers sur le chemin de notre vie. Mais voilà, dès que nous arrivons à un rond-point, les passagers ne sont pas d'accord entre eux. Au moment de tourner à droite, car c'est là que nous pensons qu'il faut aller à ce moment présent (par exemple en acceptant cette rencontre amoureuse), certains passagers crient très fort depuis le fond du bus : « Mais non, n'y va pas, tu fais une erreur, tu vas te planter… » Si nous sommes soumis à notre voix intérieure, bien évidemment nous nous dépêchons de mettre le clignotant à gauche et de prendre à gauche (par exemple en retardant l'engagement dans une relation amoureuse). Mais d'autres passagers du bus, eux, vont se manifester et crier : « Mais non, tu avais raison, il faut aller à droite, là tu te trompes, ne va pas à gauche, tu fais une erreur… » Et notre vie défile ainsi. À chaque carrefour, à chaque moment important de notre vie, les passagers du bus vont nous dire ce que nous devons faire. Mais ils ne sont pas tous d'accord entre eux. Faut-il vraiment écouter les passagers du bus ou décider quelle direction prendre pour sa vie, arrêter de les écouter et aller sereinement là où nous avons envie d'aller ?

La voix intérieure peut être également une voix plus soutenante, celle d'une amie d'enfance qui nous a toujours encouragé en nous disant quels étaient nos points forts…

Cette voix, nous l'attribuons souvent aussi à un membre de notre entourage. Nombre de mes patients arrivent à la consultation en disant : « Ma mère était trop protectrice, mon père trop exigeant ou trop absent… » C'est en tout cas l'idée qu'ils se sont construite du désir de leur père ou de leur mère à leur égard. Chaque enfant a une représentation qui lui est propre des attentes de ses parents. Elles ne sont pas toujours les mêmes selon les frères et sœurs.

Les travaux sur le perfectionnisme ont montré que nous, les psys, nous nous étions en partie trompés. Nous avions pensé que les enfants devenaient perfectionnistes pour répondre aux attentes démesurées de leurs parents. Même si cette hypothèse se vérifie dans un certain nombre de cas, grâce aux travaux de la psychologie scientifique nous savons maintenant que ce sont aussi parfois les enfants qui pensent que leurs parents attendent beaucoup d'eux. Ayant souvent rencontré ces parents en consultation, j'ai pu constater que leurs attentes envers leurs enfants n'étaient pas toujours excessives. Il arrive que l'enfant croie que ses parents attendent beaucoup de lui alors que ce n'est pas le cas ; d'ailleurs, les frères et sœurs d'une même famille ne perçoivent pas toujours les attentes parentales de la même manière.

Ce qui compte c'est que la personne vit avec cette construction mentale toujours présente en elle, véhiculée par sa voix intérieure. Devenus adultes, nous avons la conviction, non seulement que cette voix nous appartient, mais qu'elle est devenue nôtre, qu'elle fait partie de notre personnalité.

Comprendre que la voix intérieure n'est pas innée mais qu'elle représente une reconstruction des attentes de notre entourage, donner un nom à ce malaise est le point de départ de la mise à distance nécessaire de sa voix critique intérieure. « C'est la voix de mon père qui doute de moi, ce n'est pas moi qui doute » ou « C'est la voix de ma mère qui me surprotège, en fait je ne suis pas si en danger que cela dans la situation réelle. » Nous sommes à ce stade en position de commencer à nous en libérer par l'affirmation de soi et les techniques cognitives que nous allons maintenant aborder.

L'intérêt de la thérapie par l'affirmation de soi

Au début de ma pratique, je pensais que l'aide que je pouvais apporter aux personnes introverties, timides ou souffrant d'anxiété sociale (une peur excessive du jugement des autres) consistait à leur apprendre à s'affirmer. S'affirmer, c'est-à-dire exprimer son point de vue, ses désirs, ses besoins en respectant ceux des autres. En cela, je m'inscrivais dans la pensée des auteurs qui, aux États-Unis[1] et aux Québec[2], l'avaient déjà largement démontré.

Au début des années 1990, j'ai choisi d'utiliser ces techniques en thérapie individuelle et en thérapie de groupe, pour la plus grande satisfaction de mes patients et de moi-même. Apprendre à s'affirmer quand on est trop réservé permet de s'exprimer, de prendre confiance en soi et d'améliorer ses relations avec les autres. Le patient éprouve plus de fierté, prend confiance en lui et ses relations avec les autres s'améliorent.

J'étais et je reste extrêmement satisfait de ces méthodes d'affirmation de soi dont je constate quotidiennement les effets bénéfiques.

Grâce à des travaux plus récents, je peux maintenant expliquer pourquoi ces personnes s'améliorent avec l'affirmation de soi.

---

1. R. E. Alberti et M. Emmons, *S'affirmer. Savoir prendre sa place*, Montréal, Éditions Le Jour, 1992.
2. J.-M. Boisvert et M. Beaudry, *S'affirmer et communiquer*, Montréal, Éditions de l'Homme, 1979.

➤ *Un manque d'apprentissage*

Le plus souvent, une attitude affirmée ne leur a pas été transmise au cours de leur enfance. Ce manque d'apprentissage peut être compensé par une transmission des moyens à mettre en œuvre pour devenir plus affirmé. Les bénéfices de cet apprentissage s'observent dans la durée, il n'y a aucune rechute à long terme, ce que j'ai pu démontrer dans une étude scientifique que j'ai pratiquée. Dans cette étude[1], des personnes suivies pendant deux ans après l'arrêt de leur thérapie ont continué à bénéficier de résultats positifs.

Avec un recul maintenant de quinze ans, je peux confirmer le maintien de ces résultats bénéfiques à long terme.

➤ *Se donner le droit d'oser*

Toutefois, au fil de ma pratique, j'ai également dû constater que certains patients ne s'amélioraient pas assez avec les techniques d'affirmation de soi. Ils avaient acquis de bonnes méthodes de communication, savaient exprimer leur désir, défendre leur droit sans agressivité, en respectant l'autre mais ils n'osaient pas le faire, ils ne se donnaient pas le droit de le faire.

Oui, le grand mot est lâché : OSER. Certains d'entre vous connaissent peut-être mon livre *Oser. Thérapie de la confiance en soi* dans lequel je développe l'intérêt de cette formule clé que recouvre le mot « oser ».

Si on réfléchit au sens de cette formule, que signifie-t-elle ? Que nous savons faire quelque chose mais que nous ne nous donnons pas le droit de le faire. La question est donc bien de savoir qui ne nous donne pas l'autorisation de faire une chose.

1. F. Fanget, « Traitements des phobies sociales : efficacité des thérapies comportementales et cognitives », *L'Encéphale,* mars-avril 1999, 25 (2), p. 158-168.

J'ai d'abord cru, comme les patients me le disaient haut et fort, que s'ils ne s'affirmaient pas assez dans leur comportement, c'était à cause de leur entourage qui leur interdisait cette possibilité de s'affirmer. Collègues de travail, supérieur hiérarchique, conjoint, mère, père avaient été trop autoritaires avec eux, les avaient placés dans des positions de soumission. C'était souvent vrai.

➤ *Nous sommes notre propre censeur*

Puis, peu à peu, cette question de l'empêchement à s'affirmer s'est précisée. J'ai observé que notre plus grand censeur était en fait nous-mêmes et plus précisément notre voix critique intérieure : « Ne fais pas ci, ne fais pas ça, attention tu vas le blesser, non, fais attention… »

Nous pouvons le dire : la voix critique intérieure nous empêche de vivre librement. Elle est collée à nous, comme une double peau dont il est difficile de se distancier.

➤ *Le singe agrippé sur nos épaules*

Il devenait donc essentiel de trouver une solution pour gérer cette voix intérieure qui nous colle à la peau.

Je me souviens qu'une de mes filles, lorsqu'elle était sur mes épaules, ne voulait pas descendre. J'étais obligé de la faire descendre moi-même en la « désagrippant ». Cela me rappelait ces jeux que je faisais enfant. Un peu comme des cavaliers, nous portions chacun notre copain sur nos épaules. Le jeu consistait à faire tomber le copain des épaules de l'autre. Bien sûr il s'agrippait pour tenir le coup le plus longtemps possible. C'est ce que fait notre voix critique intérieure avec nous, elle s'agrippe pour tenir plus longtemps. Elle est d'ailleurs tellement collée à notre pensée que, de l'extérieur, nos interlocuteurs n'ont pas conscience de sa présence.

Ce souvenir du jeu sur les épaules me donna une idée. Pourquoi ne pas faire jouer le rôle de la voix critique intérieure par une personne réelle ?

Un des avantages des thérapies de groupe est que nous pouvons réaliser des mises en scène. J'ai donc demandé à mes patients, comme vous l'avez vu dans le livre, non seulement de retranscrire le dialogue avec leur interlocuteur, mais aussi d'ajouter leur voix intérieure qui sera jouée par une troisième personne. J'ai commencé à organiser des jeux de rôles avec non plus deux mais trois personnes : le patient, son interlocuteur et sa voix intérieure. Chacun prend son texte. Le patient joue son propre rôle. Un membre du groupe joue l'interlocuteur et un autre joue la voix intérieure. Je demande à ce dernier de se mettre derrière le patient, de s'approcher de sa tête, de parler derrière lui d'une voix assez forte afin de parasiter sa relation avec son interlocuteur. C'est assez spectaculaire. Se déroule sous nos yeux la scène d'une personne discutant avec une autre, importunée par son mental qui vient la perturber.

➤ *Apprendre en imitant un modèle*

Ce procédé, l'externalisation de la voix intérieure, impressionne par son efficacité, sa capacité à reproduire les pensées réelles des patients, qui sont en général sidérés de voir à quel point leur voix intérieure intervient dans leur vie.

Une fois la première scène jouée, je prends le rôle du patient et je montre comment faire avec les astuces que nous allons découvrir. Je lui demande ensuite de reprendre son rôle en utilisant ce que je viens de lui montrer. En général, après deux ou trois essais, la personne est en mesure de répondre elle-même à sa voix critique intérieure et de la gérer. Il lui suffit ensuite de mettre en pratique la méthode dans sa vie quotidienne de manière régulière.

Cette méthode d'apprentissage est impressionnante par sa rapidité et son efficacité. Elle est basée sur ce que l'on appelle la méthode d'apprentissage social[1], encore connue sous le nom de « modeling », ou apprentissage par imitation de modèle. Les psychologues scientifiques ont montré que cette façon de faire était la plus rapide pour apprendre quelque chose à quelqu'un. Si vous désirez apprendre à votre enfant à conduire, le meilleur moyen est qu'il vous regarde faire. Il va de lui-même très vite comprendre que lorsque vous appuyez sur la pédale de droite, la voiture va plus vite, lorsque vous appuyez sur la pédale du milieu, la voiture va moins vite, qu'il y a un levier qui si vous l'actionnez change quelque chose. Il vous posera ensuite des questions pour affiner sa compréhension : « Papa, maman, qu'est-ce que c'est, cette pédale de droite, qu'est-ce que c'est, la pédale du milieu ? Qu'est-ce que c'est, ce levier ? » Vous répondrez à ces questions en lui donnant les informations techniques sur la conduite automobile et il aura très vite intégré comment conduire une voiture.

Il en est de même pour les méthodes de thérapie par affirmation de soi, dont nous allons voir maintenant les principales astuces.

S'affirmer avec sa voix critique intérieure

Parmi les techniques d'affirmation de soi, j'utilise en particulier la capacité à dire non et celle à répondre aux critiques, des méthodes qui conviennent parfaitement face à la voix intérieure. Elles permettent de poser des limites aux

1. Voir les travaux d'Albert Bandura, *L'Apprentissage social*, Bruxelles, Éditions Mardaga, 1995.

autres. Comme nous l'avons vu avec l'exemple d'Anne qui disait toujours oui (p. 79), la capacité à dire non est essentielle.

➤ *Apprendre à refuser*

Pour savoir dire non, il faut d'abord se donner le droit de dire non, ne pas se sentir obligé de se justifier (ce qui est souvent très difficile) et si possible arrêter de systématiser le oui. En effet, il est souvent difficile pour mes patients de dire non directement. Ils ont appris à dire oui depuis très longtemps. C'est pourquoi, dans un premier temps, je leur apprends à ne plus dire oui tout de suite. La réponse peut dans ce cas débuter par « Je ne sais pas », « Je dois y réfléchir », « Si tu veux, je te rappelle demain… ». Il s'agit en fait de différer sa réponse ou de faire une réponse évasive.

Si on veut opposer un refus plus ferme, on peut simplement dire « non ». Ce doit être le premier mot que vous formulez, puis vous le répétez avec persévérance. Éventuellement, lorsque les personnes sont très insistantes et qu'elles cherchent visiblement à abuser de votre bonté, vous pouvez alors exprimer vos émotions négatives à la première personne du singulier, en utilisant le « je » ou « cela me » face à leur insistance. Par exemple « Cela me gêne que vous insistiez, je vous ai déjà dit non deux fois, ma réponse est ferme et définitive ».

Si vous souhaitez en savoir plus sur les stratégies pour dire non, je vous renvoie à mon livre *Affirmez-vous*[1] *!*

---

1. F. Fanget, *Affirmez-vous !, op. cit.*

➤ *Répondre aux critiques*

La réponse aux critiques se fait essentiellement par ce qu'on appelle l'enquête négative, au cours de laquelle on utilise des questions ouvertes qui commencent par « qu'est-ce que, qu'est-ce qui, pourquoi, comment ». Cette technique consiste pour l'essentiel à demander des précisions lorsqu'on est critiqué. Si vous voulez appliquer cette enquête négative pour répondre à votre voix critique intérieure, vous pouvez formuler par exemple : « Qu'est-ce qui te démontre que je suis nul(le) dans cette situation ? Sur quels arguments te bases-tu ? Que veux-tu dire lorsque tu me dis que je ne suis pas capable ? Peux-tu me préciser tes mots, ta pensée ? » Etc.

L'enquête négative permet d'éviter une contre-attaque agressive, elle pousse la voix critique intérieure à avancer des arguments solides qu'elle n'a pas toujours.

➤ *S'éloigner de sa voix critique intérieure*

Au fond, nous devenons notre propre avocat de la défense face à notre voix critique intérieure accusatrice. Vous souvenez-vous d'Adriana, cette jeune femme qui souffrait d'un syndrome d'imposture (p. 86) ? Elle a effectué un exercice avec un patient qui jouait le rôle de son directeur et une patiente positionnée derrière elle qui jouait le rôle de sa voix intérieure. Cette dernière lui parlait fort et l'empêchait d'écouter son directeur. J'ai demandé à Adriana de se lever, de s'éloigner de la voix critique intérieure et de se rapprocher de son directeur. Cette méthode comportementale permet de symboliser la distance que nous souhaitons prendre avec notre voix critique intérieure et de s'opposer à elle par des techniques de refus et de négociation.

➤ *Débattre avec sa voix critique intérieure*

J'ai eu l'occasion aussi de demander à des patients de se retourner vers celui qui jouait la voix critique intérieure derrière eux et de débattre avec la voix intérieure. Oui, vous avez bien lu, débattre avec sa voix critique intérieure et lui demander des preuves. On peut symboliquement se tourner vers elle et lui demander : « Qu'est-ce qui démontre dans cette situation, face à mon chef, pour ce projet que je suis nul(le) ? De toute façon tu me dis cela depuis des années. Tu me répètes toujours la même chose. Que je suis nul(le) quel que soit le projet sur lequel je travaille et quelle que soit la personne qui est en face de moi. Alors est-ce que tu ne manques pas un peu de nuances dans tes jugements sur moi ? Et puis, écoute, j'en ai un peu marre parce que depuis des années tu me répètes ça, de toute façon ça ne m'a pas aidé(e) à avancer, au contraire ça m'a amené(e) à douter de plus en plus de moi. »

Au cours de ces petits exercices, souvent les patients éclatent de rire. Ils découvrent que grâce à l'affirmation de soi, ils peuvent répondre à leur voix critique intérieure, relativiser sa puissance, son poids pour mieux limiter son impact. En un mot, lui faire face.

Se mettre debout face à elle et ne plus se laisser envahir par elle.

Il est possible également de recourir aux techniques comportementales en utilisant les paramètres non verbaux. Je demande au patient de faire les gros yeux au personnage qui joue la voix intérieure, je lui demande de lui parler fort, de s'approcher de lui, éventuellement de le pousser légèrement pour l'éloigner.

➤ *Baisser le volume de la radio critique*

Récemment, au cours d'une séance de thérapie, j'ai posé la question suivante à un de mes patients : « Vous êtes chez vous, tranquille, en train d'écouter votre morceau de musique préféré à fond. Vous avez augmenté le volume. À ce moment-là votre téléphone sonne et vous voyez sur l'écran qu'il s'agit d'un de vos amis à qui vous avez envie de répondre, que faites-vous ? » Bien évidemment le patient va baisser le volume de la musique pour pouvoir entendre son ami au téléphone.

Eh bien, avec la voix critique intérieure, il en est de même, il faut baisser son volume. Lorsqu'elle vous parle trop fort, n'hésitez pas à baisser le volume et à lui dire : « Écoute, là tu parles trop fort, je ne vais pas pouvoir répondre à mon ami, je ne vais pas pouvoir discuter. » On utilise souvent cette méthode en thérapie, les personnes se retournent alors vers le patient qui joue le rôle de la voix critique en lui disant : « Écoute, parle moins fort, baisse le volume, je n'entends pas mon interlocuteur. »

Je demande aussi parfois à la personne qui joue la voix intérieure de suivre le patient, afin de symboliser l'agrippement de la voix intérieure. J'avais ainsi demandé à la patiente qui jouait le rôle de la voix intérieure de suivre Adriana, de la coller. Cela obligeait Adriana à marcher de plus en plus vite et si possible plus vite que sa voix intérieure pour la semer ! Si vous vous éloignez de quelqu'un, que vous marchez plus vite que lui, faites l'expérience : vous vous rendrez compte que vous l'entendrez moins !

Ces astuces, vous l'avez compris, permettent de mettre une certaine distance entre soi et sa voix critique intérieure, de la relativiser, ce qui est l'objet de la thérapie cognitive, dont nous allons maintenant rappeler les principales méthodes.

Changer de point de vue par rapport à sa voix critique intérieure

Il y a de très nombreuses façons de faire, proposées par l'approche cognitive, pour mettre une distance entre sa voix intérieure et soi. Je souhaite vous en présenter quelques-unes que j'utilise fréquemment.

➤ *Apprendre à se décentrer*

Qui vous fait le plus de mal : la situation, l'interlocuteur ou votre voix critique intérieure ?

Souvenez-vous de Sébastien lorsqu'il discutait avec son supérieur.

Reprenez le dialogue avec son chef sans la voix intérieure, puis relisez uniquement le discours de sa voix intérieure sans son supérieur (p. 63). À l'issue de cet exercice, Sébastien avait découvert que c'était sa voix critique intérieure qui le paralysait et le gênait plus que les paroles de son supérieur.

Faites de même. N'hésitez pas à noter quelques minutes après une interaction sociale le dialogue avec la personne concernée et ce que vous a dit votre voix intérieure.

Ensuite relisez le dialogue sans la voix intérieure puis avec uniquement la voix intérieure. Vous constaterez de vous-même la part du malaise liée à son discours.

Le simple fait de constater l'importance de notre radio critique dans notre malaise est déjà en soit « thérapeutique ». Cela nous permet de nous décentrer par rapport à notre voix intérieure, de nous rendre compte que nous ne nous réduisons pas à ce qu'elle dit de nous.

Nous ne sommes pas que notre voix intérieure.

➤ *Se concentrer sur son interlocuteur*

La technique consiste à focaliser son attention sur ce que dit l'interlocuteur.

On favorise l'interaction avec la personne qui est en face de soi. Être concentré sur le contenu de cet échange permet de moins entendre sa voix critique intérieure.

Je suis surpris en thérapie de constater que lorsque les patients s'adressent vraiment à leur interlocuteur, ils n'écoutent plus leur voix intérieure, sans même s'en rendre compte. Un bon exemple de cette technique est donné par le travail réalisé en thérapie avec Adriana.

Dans le cadre d'un jeu de rôles, je lui demande de s'approcher de son directeur pour s'intéresser vraiment à son propos, le questionner et se concentrer sur ses réponses : « Ah bon, vous êtes allés à la mer, vos enfants se sont-ils baignés ? Êtes-vous un amateur de sports nautiques ? » À ce moment-là, Adriana se trouve dans une vraie relation avec le directeur, qui se rend compte qu'elle s'intéresse à la discussion. Par conséquent, Adriana s'étant rapprochée du directeur, elle s'intéresse moins à sa voix intérieure, elle l'écoute moins. Bien que celle-ci soit toujours présente, elle n'empêche plus Adriana de discuter avec son directeur. La conversation s'approfondit et devient plus intéressante. Cela démontre que donner trop d'attention à sa voix critique intérieure compromet la relation avec l'autre. En écoutant sa voix critique intérieure on tourne le dos à son interlocuteur. Cette technique vous aide à vous détacher de votre voix intérieure en vous intéressant à votre interlocuteur.

➤ *Devenez votre meilleur(e) ami(e)*

Je vous propose une astuce qui consiste à vous parler comme vous parleriez à votre meilleure amie si elle vivait la situation que vous êtes en train de vivre.

J'ai utilisé cette technique avec Adriana :

L'allié : « Si je comprends bien, votre problème est de vous considérer comme un imposteur parce que vous avez été nommée à un poste de cadre supérieur alors que vous n'avez pas les diplômes correspondants. »

Adriana : « Oui, c'est tout à fait ça. »

L'allié : « Adriana, que diriez-vous à votre meilleure amie qui vous expliquerait qu'elle a réussi à décrocher un poste de cadre supérieur et à le tenir pendant cinq ans alors que justement elle n'a aucun diplôme ? »

Adriana : « Je dirais : c'est formidable, tu es formidable. »

L'allié : « Mais alors si je comprends bien, pour vous, une femme formidable est une femme qui réussit sans diplôme ! »

Adriana sourit et comprend sa contradiction. Jamais elle n'aurait en un jugement aussi sympathique sur elle-même que celui qu'elle a eu lorsqu'elle s'adressait à sa meilleure amie.

Cette technique est très intéressante. J'ai remarqué que nombre de mes patients peuvent être très négatifs et intransigeants avec eux-mêmes et devenir extrêmement positifs lorsqu'il s'agit de quelqu'un qu'ils apprécient, même si cette personne se trouve dans la même situation qu'eux. Cela signifie que notre cerveau a deux programmes : il peut nous maltraiter lorsqu'il s'agit de nous et devenir bienveillant lorsqu'il s'agit d'un tiers apprécié. Il suffit alors, grâce à cette astuce, d'utiliser notre deuxième programme cérébral, le bienveillant envers nous-mêmes, en devenant notre meilleur ami.

➤ *Confronter ses doutes à la réalité de ce que l'on sait faire*

Ne vous laissez pas mener par vos doutes. Faites le plein de confiance en vous en vous basant sur vos compétences.

Une autre solution pour se distancer de sa voix critique intérieure consiste à la confronter à la réalité, à comparer ce que nous avons vraiment réalisé au discours dévalorisant de la voix, afin de ne pas la laisser nous faire douter de nos possibilités.

Après de longues études et une recherche difficile d'emploi, Nicolas vient enfin d'être accepté pour une période d'essai. Cette situation produit chez lui un énorme stress que l'on peut bien comprendre. Sa voix intérieure lui fixe quatre règles :

- tu dois être parfait ;
- tu dois être intéressant ;
- tu dois te montrer en forme physiquement ;
- tu dois faire bonne figure.

Nicolas doute de pouvoir satisfaire toutes ses règles impératives. Son stress est si fort qu'il a de la peine à entrer en contact avec ses nouveaux collègues.

L'allié lui demande alors : « Comment vous êtes-vous débrouillé au cours de vos études lorsque vous avez rejoint une nouvelle classe ? Aviez-vous ce genre d'exigence en tête ? Avez-vous réussi ou échoué votre intégration dans ces moments-là ? »

Effectivement, Nicolas avait toujours réussi son intégration dans les différentes classes en montrant bonne figure. Il avait toujours réussi à travailler puisqu'il avait obtenu le diplôme qu'il souhaitait. Pourtant, à chaque fois, il avait anticipé négativement toutes ces échéances. Ne laissez pas votre voix critique intérieure vous faire douter de vos capacités à réussir.

Lorsqu'elle vous assaille, repensez à la réalité des faits que vous êtes capable d'accomplir, prenez conscience de vos forces et des compétences qui jusque-là vous ont permis de franchir les obstacles ou tout simplement d'affronter la réalité des situations variées de la vie.

Faites le plein de confiance, en vous basant sur vos expériences et vos compétences pour répondre aux doutes de votre voix critique intérieure. Au besoin, notez par écrit vos expériences de succès.

➤ *Des recommandations plutôt que des règles impératives*

À ce stade, nous pouvons formuler l'idée que notre voix critique intérieure se comporte comme un tyran. Ainsi que nous l'avons vu plus haut avec la théorie qu'Albert Ellis appelle la *musturbation* (encadré p. 46), le discours de la voix intérieure est imprégné d'impératifs qui s'expriment sous la forme de « Il faut », « Je dois », « On doit », « Tu dois ».

Si on opère une transformation de ces impératifs par le biais d'une nouvelle formulation, alors on ne s'enferme plus dans une obligation de résultat. Si aux « Il faut », « Je dois », « On doit » on substitue « Je vais essayer, je vais faire tout mon possible », on se donne une marge d'action plus large et la possibilité de faire des erreurs. D'une obligation de résultat on passe à une obligation de moyens, beaucoup plus facile à supporter.

Appuyons-nous sur l'exemple vécu d'Adrien pour illustrer cette astuce.

Adrien, 32 ans, est en difficulté pour entrer en relation avec les femmes. Il a l'impression de ne rien avoir à leur dire, de ne pas les intéresser… Dans les soirées, il reste passif sans rien dire. Il est toujours célibataire malgré son désir de construire une famille.

Dans le cadre de sa thérapie, j'exerce Adrien à entamer une conversation avec les femmes. Je me rends compte alors que ce n'est pas un manque d'intérêt ni de capacité à s'exprimer qui le gêne mais plutôt sa voix intérieure trop critique avec lui-même. Il va donc être nécessaire de lui répondre.

Si vous êtes dans le cas d'Adrien, exercez-vous avant d'aller dans les soirées, éventuellement par écrit. Entraînez-vous à répondre à votre voix intérieure qui risque de vous empêcher d'entrer en contact avec les autres par son caractère excessif, intransigeant, donneuse de leçons. Remplacez les « Il faut » et les « Je dois » ou les « On doit » par des « Je vais essayer ».

Adrien a imaginé la scène. Cela se déroule dans une soirée, il est assis à côté d'une jeune femme et décide d'entrer en contact avec elle. Il prépare son scénario par écrit en répondant à sa voix critique intérieure impérative par une réponse plus souple et plus adaptée.

Voix critique intérieure d'Adrien : « Vas-y, entre en contact avec elle, essaie d'être au niveau au moins la première fois. »

Adrien : « Je vais essayer, je ne garantis rien. »

Voix critique intérieure : « Sois au niveau, si tu ne l'es pas cela ne pardonne pas. »

Adrien : « Je sais que je ne peux pas intéresser tout le monde, je vais essayer. »

Voix critique intérieure d'Adrien : « Regarde ses réactions. Et puis regarde, tu n'arrives pas à trouver un sujet pour entamer la conversation. C'est mort, tu n'as aucune chance. Tu ne lui plais pas, regarde, tu es planté, voilà, c'est fini. »

Adrien : « Ce n'est pas forcément à moi de dire quelque chose. Je ne suis pas toujours obligé de parler. Une conversation se construit à deux, je peux poser des questions, elle peut répondre, nous pourrons ainsi dialoguer. »

Voix critique intérieure d'Adrien : « Mais avec ton système, ça fait interrogatoire, tu peux la gonfler aussi avec tes questions. »

Adrien : « Oui, c'est possible, mais bon, si je lui pose des questions, elle peut aussi penser que je m'intéresse à elle, les réponses peuvent m'intéresser et du coup la discussion peut se poursuivre. »

Voix critique intérieure d'Adrien : « Effectivement, oui... »

Dans cet exemple, Adrien a réussi à limiter les effets stressants de sa voix intérieure en restant au fond assez modeste, serein, adapté à la réalité de la situation sans se fixer l'obligation de réussir, mais simplement en cherchant à entrer en contact avec la jeune femme assise à côté de lui, en restant lui-même, naturel.

➤ *Répondre à sa voix critique intérieure en situation*

Après l'entraînement, il s'agit maintenant de répondre à notre voix critique intérieure dans notre vie quotidienne.

C'est ce que j'ai demandé à Sébastien, souvenez-vous, cet homme qui lors de l'entretien avec son chef manquait de confiance en lui. Il avait l'impression d'être considéré comme un incapable (p. 66). Je lui ai demandé d'appliquer la réponse à la voix critique intérieure en situation réelle dans d'autres exemples de sa vie.

Il l'a fait lors d'une discussion avec sa femme, Béatrice.

Il revient en consultation après avoir pris cette conversation en note, avec sa voix critique intérieure à lui et a ajouté, comme je le lui ai demandé, un quatrième personnage, la réponse à la voix critique intérieure.

Béatrice : « C'est quoi tout ce bruit que tu fais ? »

Sébastien : « Je range mes affaires, je ne suis pas en train de déménager. »

Voix intérieure de Sébastien : « C'est quoi ce ton inquisiteur ? Je n'ai pas à me justifier. »

Réponse de Sébastien à sa voix critique intérieure : « Calme-toi, elle ne te remet pas en cause. Ça, c'est ce que tu crois, c'est ton angoisse. Elle te demande simplement ce qui fait du bruit. »

Béatrice : « Ce n'est pas la peine de me parler comme ça, de manière agressive ! »

Voix intérieure de Sébastien : « Je ne suis pas agressif. »

Réponse de Sébastien à sa voix critique intérieure : « Si, je viens de lui parler sèchement. En fait, c'est ma voix intérieure qui me fait croire que ma femme me remet en cause. Dans ce cas, c'est ma voix intérieure qui m'énerve, et pas ma femme. »

Sébastien : « Je parle normalement, je range mon linge, c'est tout. Il n'y a pas de quoi en faire une histoire. »

Voix critique intérieure de Sébastien : « C'est vrai que je suis un peu agressif mais elle m'énerve à vouloir tout savoir, tout contrôler. »

Réponse de Sébastien à sa voix critique intérieure : « Attention, tu t'énerves encore, tu généralises. Si tu penses que Béatrice veut tout contrôler, c'est un autre problème. Reste ici sur la scène actuelle : elle te demande simplement les raisons du bruit. »

Après avoir fait cet exercice, Sébastien a commenté : « J'ai compris que je fonctionnais parfois sur le mode agressif et qu'on avait tendance avec ma femme à se renvoyer mutuellement la balle de la responsabilité de nos conflits.

« Je me suis alors dit que j'avais peut-être trop tendance à me sentir remis en cause tant avec mon chef qu'avec ma femme. Je sais que ma femme m'aime. Dans cette scène, elle ne remet pas vraiment en cause son amour pour moi.

« Je lui ai alors demandé si elle me trouvait souvent agressif. Elle m'a répondu que je l'étais souvent, mais pas toujours. Elle a ajouté que je me sentais trop facilement remis en cause et qu'au fond je n'avais pas vraiment confiance en moi. J'ai été surpris qu'elle se rende compte que je manquais de confiance en moi et surtout qu'elle l'accepte. »

En continuant à travailler, Sébastien a fait le lien. Il a compris que le fait de se sentir remis en cause se vérifiait dans sa vie professionnelle et dans sa vie personnelle.

Faire des liens entre les différentes situations de vie où l'on éprouve les mêmes émotions est riche d'enseignement. Repérer les moments de malaises, comprendre ce qu'ils signifient, relativiser, répondre à sa voix critique intérieure et éventuellement reprendre le dialogue avec la personne concernée, comme l'a fait Sébastien avec sa femme, font partie du travail de conceptualisation et de thérapie dont on constate rapidement les progrès.

Continuez ainsi de semaine en semaine et vous profiterez des bénéfices obtenus.

➤ *L'autoconfirmation de la pensée*

Changeons de longueur d'onde et passons sur la radio encouragement.

J'ai remarqué en thérapie que le patient cautionne lui-même sa voix critique intérieure. Il l'alimente et lui donne des arguments. On écoute souvent trop la même radio ! Le simple fait d'écouter en permanence un discours négatif sur soi va en quelque sorte le conforter. Surtout si en même temps il n'y a aucun discours positif sur soi. Le discours négatif va influencer nos comportements, qui vont nous conduire à nous mettre en retrait. C'est l'exemple d'Adriana qui démissionne, car elle a adhéré à l'idée transmise par sa voix critique intérieure qu'elle ne convenait pas au poste. Ce sont ses doutes qui l'ont fait démissionner et non pas un manque de compétence.

Pour Adriana, la radio encouragement aurait pu être : « Écoute, Adriana, tu sais que ce sont tes doutes qui t'envahissent et t'emmènent sur un mauvais chemin. Aucun de tes collègues ne t'a dit que tu ne correspondais pas au poste. Au contraire, tu es appréciée : regarde les faits positifs dans ta vie professionnelle, ils sont encourageants, de plus tu seras plus sûre de toi si tu m'écoutes plutôt que la radio critique… »

Ces dernières astuces montrent que devenir son propre ami, son propre allié, permet non seulement de diminuer l'anxiété, mais aussi de changer le rapport à soi. La vision que nous avons de nous-mêmes est essentielle à notre équilibre personnel et à notre estime de soi, elle permet surtout d'éviter de faire des erreurs comme celle qu'a faite Adriana en changeant de poste de travail alors que ce n'était pas justifié.

Le message que je souhaite vous transmettre est : « Prenez votre vie en main, guidez votre vie vous-même, ne la laissez pas sous l'influence de votre voix intérieure. Vivez et avancez, agissez malgré elle, ne lui accordez pas l'importance qu'elle réclame. »

Je terminerai sur ce point. Il me paraît important. Quelle que soit la méthode que vous utiliserez pour vous en détacher, ce qui compte c'est que votre voix critique intérieure ne vous gêne plus pour vivre votre vie telle que vous l'entendez. Chacun d'entre vous choisira les techniques parmi celles que je vous ai présentées qui lui conviendront le mieux.

Les patients que je vois en consultation ont adopté chacun les leurs. Ils ont choisi celles qui leur convenaient le mieux. Adoptez celles avec lesquelles vous vous sentez à l'aise, le principal étant de ne plus être démuni face à une voix critique intérieure qui vous domine, qui maîtrise vos émotions et vos comportements en vous disant ce que vous devez faire. Apprenez à vous dresser contre elle, à lui faire face et à lui dire : « Continue si tu veux, mais moi maintenant, j'ai décidé, qu'avec ou sans toi, que j'arrive ou non à me débarrasser de toi, j'avancerai et je vivrai ma vie. »

Conclusion

Vivre = choisir = angoisse. Que faut-il entendre par cette formule ?

Arrivé à la fin de ce livre, cela signifie qu'il va falloir choisir. Mon but n'est pas de vous imposer une voix intérieure positive à la place d'une voix intérieure négative. Ce serait irréaliste. Je dis souvent que la thérapie que je développe n'a rien à voir avec le slogan d'une grande marque de magasins, « Je positive », ni avec la méthode Coué. J'ai plutôt l'habitude de dire que le slogan de la thérapie est : « Je dénégative. » Vous l'aurez compris, le problème de cette voix critique intérieure trop négative est qu'elle nous paralyse, qu'elle nous empêche de vivre, de poursuivre nos grands objectifs. Faire baisser le taux de négativisme qui imprègne nos vies, c'est bien ce que je souhaite vous aider à réaliser. La voix positive, elle, va nous encourager à avancer. Mais la vie n'est pas uniquement positive ou négative.

➤ *Vivre avec un certain malaise plutôt que d'éviter de vivre*

La psychologie des remords montre que nous souffrons plus de ne pas avoir fait de choix que d'avoir fait un choix qui ne nous a pas satisfaits. Nous sommes au moins fiers d'avoir choisi, d'avoir essayé. Cela donne au moins une chance de réussir alors que le non-choix ne nous offre rien, sinon les ruminations, l'angoisse, le remords. De plus, même lorsque nous nous trompons, l'erreur nous apprend quelque chose. Sans erreur, il n'y a pas d'évolution.

Il vous revient donc maintenant de décider du choix que vous allez faire entre l'angoisse de vous surprotéger et l'angoisse d'aller vers ce qui est essentiel pour vous.

Si l'on se surprotège en restant en retrait, on tombe dans les affres de l'angoisse. C'est l'angoisse de la surprotection. On ne réalise pas ce qui est important pour soi, on ne va pas dans le sens de sa vie.

OSER aller vers ses choix peut bien sûr aussi générer de l'angoisse. En laissant de côté des solutions, on a l'impression de perdre quelque chose. Aller vers ses choix comporte une certaine part de malaise qu'il faut savoir accepter.

Mais ce qui compte à mon sens est d'être capable de gérer ce malaise et cela dépend de notre capacité à savoir y faire avec notre voix critique intérieure. Je ne dis pas que faire des choix se fait sans une part de questionnement ou d'angoisse. Mais on aura décidé d'aller vers ce qui est important pour soi en acceptant une certaine dose d'angoisse.

Je rejoins ici les thérapies d'acceptation et d'engagement (ou troisième vague de la thérapie comportementale et cognitive), qui insistent sur la nécessité d'accepter une certaine anxiété pour faire ce qui est important pour soi. Toutefois cela n'empêche pas d'apprendre, comme nous l'avons fait tout au long de ce livre, à diminuer notre anxiété dans la vie quotidienne, en s'exerçant à mieux gérer sa voix critique intérieure. Pourquoi subir en effet une angoisse trop forte si elle nous paralyse ? Souvenez-vous, une partie de nos malaises est liée à notre voix intérieure et non pas à la réalité. Si nous arrivons, grâce à une bonne gestion de notre voix critique intérieure, à réduire cette part de malaise, alors notre anxiété deviendra acceptable. Elle ne sera plus inhibante, et nous pourrons réaliser ce que nous ne pouvions pas faire lorsque l'anxiété était trop forte.

Ma position de thérapeute est nuancée et intégrative. Comme les premiers comportementalistes, je cherche à aider les patients à diminuer leurs angoisses. Il est inutile et même dommageable de laisser des personnes se débattre seuls, sans aide, sans solution. Cela les paralyse et les empêche de se réaliser. Je n'adhère pas non plus à l'idée de laisser passer l'angoisse dans une attitude purement méditative, attitude intéressante en soi mais à mon avis insuffisante lorsque l'angoisse est trop forte. Pour beaucoup des patients que j'ai suivis, leur état a nécessité les outils que nous avons vus dans ce livre.

Pourtant, je rejoins aussi sur le fond cette dernière génération de thérapies que l'on appelle la troisième vague, intégrant aussi la méditation prônée en particulier par Jon Kabat-Zinn et Zindel Segal[1], ainsi que la thérapie d'acceptation et d'engagement développée par Steven C. Hayes. Je pense en effet que la seule action qui consiste à vouloir s'acharner à chasser toute anxiété et jusqu'à toute pensée négative finit par devenir une obsession qui peut contribuer à renforcer la pensée négative, celle-là même que l'on voulait faire disparaître. Ce type de préoccupation excessive pourrait selon ces auteurs nous détourner du sens de notre vie. Je suis d'accord sur ce point.

1. M. Williams, J. Teasdale, Z. Segal, J. Kabat-Zinn, *Méditer pour ne plus déprimer. La pleine conscience, une méthode pour vivre mieux*, Paris, Odile Jacob, 2009.

➤ *Si nous nous occupons de notre anxiété, nous ne nous occupons pas de notre vie*

Ce mouvement très influencé par le bouddhisme apporte du sens aux thérapies comportementales et cognitives. Les thérapies de troisième génération les enrichissent sans nul doute mais, à mon sens, elles ne remplacent en aucun cas la deuxième vague dite de thérapies cognitives ni la première vague dite de thérapies comportementales ou behaviouristes. Elles apportent un plus, elles doivent être complémentaires de ces thérapies, mais elles ne les remplacent pas.

Vous l'aurez compris, je suis ce qu'on appelle un psychothérapeute intégratif. Le patient est aidé concrètement à changer grâce au comportementalisme, à se comprendre grâce au cognitivisme, à aller dans son sens de vie avec la troisième vague en acceptant l'anxiété existentielle liée à nos limites humaines.

À chaque étape, la gestion de notre voix intérieure est le rouage décisif.

Bonne route, bon chemin de vie… LIBRE.

Remerciements

Je tiens à remercier :

Odile Jacob, toujours partante pour me soutenir dans mes projets littéraires. Je reste admiratif de son intelligence et de ses intuitions géniales.

Caroline Rolland pour son aide éditoriale ; sa finesse, son intelligence, sa disponibilité et sa sympathie rendent notre collaboration très agréable.

Le docteur Odile Vincenti-Darbon avec qui nous échangeons depuis des années nos pratiques de thérapie cognitive. Elle est, à mon avis, l'une des psychiatres françaises qui connaît le mieux la conceptualisation cognitive que j'ai largement développée dans ce livre. J'espère qu'elle saura nous faire profiter de ses connaissances à travers un livre qui serait le bienvenu dans le monde de la psychologie moderne.

Véronique Thiébaut, ma fidèle assistante, qui depuis des années s'occupe de la saisie informatique de mes livres (ce n'est pas le premier !). Toujours aussi disponible et bienveillante face à mes exigences élevées ! Parfois je me dis que sans elle, j'aurais l'impression qu'il me manquerait l'un de mes bras.

Floriane Tedeschi, qui a gentiment accepté de relire une partie de ce texte.

Toute ma famille, mes amis toujours aussi présents à mes côtés dans cette dure tâche qu'est l'écriture.

Mes patients, pour leur courage d'oser affronter leurs angoisses.

DU MÊME AUTEUR

CHEZ ODILE JACOB

Vivre mieux avec son impulsivité, avec le Dr Charles-Édouard Rengade, 2011.

Oser la vie à deux, 2010.

L'Affirmation de soi. Une méthode de thérapie, avec le Dr Bernard Rouchouse, 2007.

Toujours mieux ! Psychologie du perfectionnisme, 2006.

Oser. Thérapie de la confiance en soi, 2003.

Affirmez-vous ! Pour mieux vivre avec les autres, 2002, 2011.

Ouvrages collectifs :

Secrets de psys. Ce qu'il faut savoir pour aller bien, sous la direction de Christophe André, 2011, 2013.

Le Guide de psychologie de la vie quotidienne, sous la direction de Christophe André, 2008.

CHEZ D'AUTRES ÉDITEURS

Où vas-tu ? Les réponses de la psychologie pour donner du sens à la vie, Les Arènes, 2007.

Retrouvez Frédéric Fanget sur son site Internet :
www.fredericfanget.fr

Ouvrage proposé
par Christophe André

CET OUVRAGE A ÉTÉ TRANSCODÉ
ET MIS EN PAGES CHEZ NORD COMPO (VILLENEUVE-D'ASCQ)
ET ACHEVÉ D'IMPRIMER SUR ROTO-PAGE
PAR L'IMPRIMERIE FLOCH À MAYENNE
EN SEPTEMBRE 2013

N° d'impression : 85420
N° d'édition : 7381-3010-X
Dépôt légal : septembre 2013

Imprimé en France